VIVIENDO LA VIDA ON FIRE

Edición y corrección: Sara Díaz Mata

Diseño de cubierta: Planeta Arte & Diseño

Primera edición: mayo de 2019

Av. Diagonal, 662-664, 08034 Barcelona (España)

Libros Cúpula es marca registrada por Editorial Planeta, S. A. www.planetadelibros.com

ISBN: 978-84-480-2573-1

D. L: B. 4.890-2019

Impresión: Liberdúplex

Impreso en España – *Printed in Spain*

El papel utilizado para la impresión de este libro es cien por cien libre de cloro y está calificado como papel ecológico.

VIVIENDO LA VIDA ON FIRE

DIANINA XL

LIBROS CÚPULA

A todas las personas que en algún momento les hayan hecho sentir que ser diferente era algo malo

UNEX

PECTED

A Carmen, «la cajera del Mercadona»
que tantas alegrías nos ha dado

ÍNDICE

Introducción 16

ESTA NIÑA ES UNA DÉSPOTA 18

ME LIBRÉ, POR MÍ, POR TI
Y POR TODOS MIS COMPAÑEROS 42

LA MIA FAMIGLIA 52

AMOR EN TIEMPOS DE GORDA 72

EL FIN DEL LETARGO 100

GRAN HERMANO *FAT* 114

DIARIO DE UNA NO DELGADA 164

The final 184

Epílogo. Bárbara de Bernardo 190

Agradecimientos 202

ON FIRE

INTRODUCCIÓN

Después de días atascada en esta frase, he decidido contarte el drama que me está acechando.

A menudo nuestra bandeja de entrada se llena con e-mails de gente que te quiere adivinar *los futuros* porque ha percibido por las ondas del wi-fi que algo te atormenta (qué bien me hubiera venido ahora, por cierto). Las últimas ofertas de tu supermercado de confianza y, cómo no, el típico que te quiere dejar una herencia de un millón de dólares porque está en su lecho de muerte y no tiene a quien darle el dinero; vamos, el timo de la estampita electrónico. Ahora, confiesa, dime que por un microsegundo no has pensado: «¿Y si es verdad?». No te preocupes, todos lo hemos hecho, si no ya hubieran desistido.

Eso sí, lo que no suele aparecer es un e-mail de Planeta preguntándote si quieres escribir un libro. ¿Perdona? ¿Pero eso se pregunta? ¿Quién no va a querer hacerlo?

Es una oportunidad de oro para poder abrirme en canal, contarte hasta donde estés dispuesto a leer y que las palabras no se las lleve el viento. Aunque te comento, *my friend*, que el *be water* de Bruce Lee en la teoría es bien fácil, pero cuando lo que tiene que fluir son tus deditos por el teclado cuesta un poco más.

Sobre todo, si cuando lo primero que escribes es el principio del libro (la casa por el tejado de toda la vida) y resulta que termina siendo tan potente que al final se ha convertido en la sinopsis que has visto en la contraportada; lo cual será una de las razones por las que has comprado este *best seller*. Lo que significa que escribo mejor de lo que pienso. La otra opción es que hayas visto un pibón máximo con un bikinazo en la portada. Aunque siendo realistas, lo más probable es que estés aquí porque me conoces como Dianina XL en YouTube.

Así que ahora que ya tengo el libro escrito, me encuentro en mi casa con un batín de leopardo rosa de Primark (que ha sido mi fiel compañero durante los meses que he estado escribiendo este libro), dándole vueltas a cómo empezar estas páginas.

La presión es grande, tiene que ser mejor que la sinopsis, quiero empezar con una pregunta que te descoloque, algo tipo: «¿Te has dado cuenta de que acabas de comprar el libro de una gorda?». Y contestarte: «Entonces eso quiere decir que estoy haciendo las cosas bien y algo está cambiando en esta sociedad».

Además, quiero preguntarte: «¿Por qué estamos acostumbrados a usar "gorda" como insulto y "delgada" como halago?», pero yo misma me contesto: «Diana, ¿a quién quieres "descolocar" con eso? Es muy obvio, ni siquiera lo piensas y es incoherente con el mensaje por el que tanto estás luchando. Soy una inversora a largo plazo de la positividad, esto no va conmigo».

Anyway, el drama me sigue acechando, *El secreto de Puente Viejo* a mi lado, en estos momentos, es una película de Disney. ¿Quizás debería iniciar justificando el porqué estoy escribiendo un libro si no soy *lisensiada*? Mmm..., tampoco. Llevo grabado a fuego una frase de mi sabia madre que me dijo cuando yo tenía veinte años y estuve a punto de dejar pasar un pedazo de oportunidad por no creer en mí misma: «Nunca dudes de ti, si los demás creen en ti para hacerlo, es porque saben que puedes».

¿Y quién soy yo para llevarles la contraria a los señores de Planeta?

No te habré «descolocado» con las primeras palabras de este libro, pero, al final, me las he ingeniado para poner todas las opciones que me rondaban por la cabeza. Ella, reina de la perversidad. Tampoco soy la nueva Pérez Reverte, pero te doy mi palabra de honor de que vas a gozar leyendo este libro.

Y espero que rías a carcajada limpia y que llores de emoción a partes iguales, como lo he hecho yo al contarte lo que he vivido.

1

ESTA NIÑA ES UNA DÉSPOTA

1

¿CÓMO UNA VÍCTIMA SE PUEDE CONVERTIR EN VERDUGO?

Parece algo imposible, pero la realidad es que sucede casi sin darte cuenta. Empezamos fuertecito, pero no te asustes, esto no es ninguna tragedia griega. Una, que quiere crear *hype*. Bueno, sin más preámbulos, voy a ponerte en situación:

Crecí en una familia de cuatro. Mi madre, una mujer muy resolutiva y extrovertida como buena canariona que es, supertrabajadora, *demasié pa* su *body* y *pa'l* mío, tenía horarios imposibles y muy pocos días libres. Recuerdo con mucho cariño sus técnicas para educar a esta pequeña «salvaje» y su frase estrella de «nunca hagas caso a tu madre». Cada vez que me decía que tenía que hacer algo, y yo le discutía (porque otra cosa no, pero desde pequeña me ha encantado darle a la sin hueso), sentenciaba que si no lo hacía, sucedería un desastre y terminaba con el famoso «nunca hagas caso a tu madre». No me preguntes qué magia negra había detrás de esto, pero si no le hacía caso, se cumplía su predicción. A mí era algo que me alucinaba y aterrorizaba a partes iguales, si me decía: «Diana, centra el vaso en la mesa que se te va a caer», y yo no le hacía caso, sorpresa, se caía. Parece pura lógica, pero yo creía que mi madre tenía algún tipo de superpoder del cual no podía escapar. Le salió bien la jugada y casi siempre le obedecía.

Mi madre siempre ha sido una mujer con curvas, para que te hagas una idea, con una talla 40-42, que con los años se ha convertido en una 44. Vamos, ya firmaba yo para pasar de los sesenta años y estar así de divina. Otro de sus superpoderes es que después de dos partos y una vida trabajando de pie no tiene ni un gramo de celulitis, ni una estría y ninguna variz. Tiene un trasero que desafía la ley de la gravedad sin haber hecho en su vida ni una sentadilla, y aquí es cuando me siento identificada con Becky G en su canción *Booty*, cuando dice eso de «este culo lo heredé de mi mamá». Pero del resto ni hablar, todo lo que no tiene ella me lo quedé yo por duplicado, soy así de egoísta.

Paso a la otra parte culpable de que hoy esté aquí. Mi señor padre, un toledano corpulento, de apariencia muy seria, siempre muy correcto, con una voz grave y profunda que acompañada de un bigote frondoso impone muchísimo. Pero las apariencias engañan y, en este caso, mucho. Es un artista, pintor y escultor, *lisensiado* en Bellas Artes; te puedes imaginar la situación de hacer esta carrera y pertenecer al gremio de artistas en plena dictadura española. Ahí lo dejo.

Tiene una sensibilidad increíble, animalista donde los haya, y un humor negro que me encanta; por desgracia no heredé el don de la pintura, pero sí su cachondeo y creatividad.

Así que he crecido en una casa donde no hay ni un centímetro de pared libre, está llena de sus cuadros y esculturas, entre las que hay representaciones del cuerpo de la mujer. Todas son con cuerpos voluptuosos, tienen barriga, pechos caídos y muslos que rozan entre sí. No os imaginéis un rollo Botero, se acerca más a mi tipo actual de cuerpo. Vamos, físicos que reflejan la realidad de millones de personas.

Otro de los talentos de mi padre es la cocina, a él le gusta cocinar y a mí me encanta comer, en este sentido somos *best friends*. Pero cuando esto se traduce en una niña que solo quiere comer fritanga y un padre que trabaja todo el día y que a la hora de cenar quiere tenerla contenta y cree que tiene que comer cuanto más mejor para crecer, se convierte en cenar a las diez de la noche huevo frito con patatas fritas, puré de patatas con pechuga de pollo (empanada y frita con su buen litro de aceite) y otros manjares. Porque si se le ocurría ponerme algo verde o a la plancha en el plato, me enfurruñaba y cerraba el pico, y, claro, ¿cómo va a estar la niña sin comer? Entre que era la pequeña y yo, que sabía cómo encandilar a mi padre, siempre me salía con la mía.

Siempre he sido un poco perversa con él. Recuerdo un día que mi padre vino a recogerme al colegio y no me había traído la merienda. Yo salía a las 17 h y podía morderte el cuello como no me hubieras traído algo que echarme a la boca, así que me hice la pobre desvalida y le dije que no aguantaba la hambruna que me acechaba hasta llegar a casa (diez minutos) e insistí en ir al quiosco a por la merienda. Yo ya estaba tejiendo mi macabro plan de zamparme mis buenos donuts a escondidas de mi madre, ya que con ella mis técnicas de «manipulación» no funcionaban. Como yo esperaba, mi padre cedió a mis irresistibles ojitos de niña desnutrida y entramos a comprar un paquete de donuts blancos acompañado de la frase «no le digas nada a mamá, ¿eh?». Empecé a comerme mis donuts de la victoria y cuando ya solo me quedaba el último bocado, me tropecé y se me cayó al suelo. Bueno, el pollo que monté, me puse a llorar, gritando en medio de la calle que tenía hambre, que me comprara otros donuts (*showoman* desde que era un mico). Así que imagínate el percal de mi padre con la niña histérica y todo el mundo mirándolo con ojos acusadores... ¿Pues qué hizo el santo hombre? Ir a comprarme otros. Y así fue como conseguí comerme cuatro donuts en vez de un sándwich de pavo. Aunque la segunda parte fue mucho mejor: cómo tuve que fingir esa noche que me encontraba mal para que mi madre no nos pillara porque, evidentemente, cuando llegó la hora de la cena, no me entraba ni media patata.

Y, por último, mi hermana. ¿Que cómo es? Imagíname con unos cuantos kilos y centímetros de altura menos y con las facciones más dulces y ahí la tienes. Ella, al no ser perversa, tiene un rostro más amable.

Es cinco años mayor que yo, aunque su piel diga lo contrario, y cuando éramos pequeñas siempre me cuidaba, teníamos una relación muy buena. Eso sí, ella era la responsable y estudiosa y yo el trasto que pasaba de curso raspadito porque prefería jugar (y más adelante, irme de parranda) que hincar codos.

Aún recuerdo cómo le suplicaba que me «ayudara» con un trabajo del cole o, lo que es lo mismo, el día de antes de la entrega decirle que no había hecho nada y que me lo hiciera (con sus súplicas y chantaje emocional incluidos). Ella era la mayor, le iba a costar menos que a mí, tenía todo el sentido (en mi cabeza, claro). O que se pasara la noche leyendo un libro que tenía que haber leído yo porque al día siguiente tenía que hacer el examen, pero obviamente, no había tenido tiempo de leerlo con mi «ajetreada» vida. Y allí estaba ella, salvándome de un suspenso garantizado (*God bless you*, *bendisiones, sister*).

Con el paso del tiempo, los roles se han invertido, así que digamos que queda compensado, y hoy en día seguimos más unidas que nunca.

Hasta aquí todo correcto, el problema viene cuando entran en juego otras personas ajenas a tu mundo de confort que tienes en casa y, más concretamente, en el colegio. Empezamos el salseo del *güeno, here we go*.

Comencé la escuela con tres años y hasta los cinco, aproximadamente, fue todo bastante tranquilo.

A pesar de mi corta edad ya se notaba que era más alta y grande que el resto de la clase, nunca tuve sobrepeso, pero era diferente a ellos. Por lo que era cuestión de tiempo que la fiesta de la discriminación diera su pistoletazo de salida. 3, 2, 1...

El primer recuerdo que tengo es de la hora del recreo. Estábamos unos cuantos niños haciendo cola para subirnos al tobogán, era la atracción más concurrida del patio (eso o los zancos, que siempre se agotaban y solo unos pocos privilegiados podían jugar con ellos). Cuando me disponía a subir las escaleritas, me para una compañera y me dice bien alto y claro: «¡Tú no! ¡Que estás GORDA!». No me lo esperaba y me quedé tan desconcertada que me eché a un lado sin decir nada. No entendía qué había pasado y por qué a mí, yo me miraba al espejo y veía una niña normal, que es lo que era (en esa época aún podía mirarme al espejo sin ser mi peor enemiga).

La verdad que no le di mayor importancia y seguí con mi feliz vida (¡que te lo has creído tú!). Los demás niños y niñas lo habían oído y parece ser que no era la única que lo pensaba, así que la dichosa frasecita se repitió en varias ocasiones, hasta convertirse en un clásico. Era la excusa perfecta para excluirme de juegos, conversaciones y actividades varias, «tú no porque estás gorda».

Y de ahí pasamos a las burlas constantes, año tras año, cada vez que aparecía en un libro de Conocimiento del Medio la imagen de un animal tipo foca, ballena, vaca se oían risitas y un «mira, es Diana».

Recuerdo hasta negociar con dos chicos de los que más se metían conmigo que eligieran solo un insulto para que fuera más llevadero, tenía que aprovechar mis dotes de «manipulación», y me llamaban tanque, y así me ahorraba todo lo demás. Menos mal que una profesora, a la que adoraba, los escuchó una vez gritándome «tanqueeeee» y les echó la bronca padre. A lo que ellos se defendieron con un «pero es que Diana nos deja», haciendo alusión a nuestra negociación; que de poco me sirvió porque siguieron llamándome de todo las veces que les daba la gana.

Pues nada, ya tenía el cartelito de la gorda de la clase, mi primer reconocimiento académico, qué maravilla. Lo que no sabían es que yo no lo iba a aceptar así como así (la Diana de ahora les diría: «Eso te lo metes por el ojete, campeón»).

Por lo que tenía dos opciones: o les hacía caso y me convertía en la marginada de la clase, o tiraba de mi creatividad y me hacía un mundo paralelo en el que yo era la guay.

Poco a poco, opté por la segunda opción y, de manera inconsciente, pensé: «Soy diferente, ¿qué tiene de malo?, pues voy a intentar ser más diferente aún, porque eso es lo que mola, no ser como los demás». Así que empecé a hacer cosas atípicas para mi edad, como cuando con doce años, a escondidas de mis padres, llamé a «El Cabinista», una sección del periódico *Las Provincias* donde los ciudadanos podían expresar sus opiniones, que publicaban los domingos. Yo hablaba de temática animalista, de hecho; le hizo tanta gracia a la redactora que contactó con mis padres para pedirme un artículo todos los domingos para la sección de animales. Mis padres estaban entre atónitos y orgullosos, y yo iba al colegio toda *preciá*, creyéndome una periodista máxima.

O como aquella vez que cogí del veterinario un póster con los derechos de los animales y me fui a hacer fotocopias para empapelar el colegio con él. Solo me dejaron ponerlo en nuestra aula, pero ya era una pequeña victoria.

Incluso la elección de mis amistades, que también era atípica. Como me habían hecho ser «especial», vamos, la gorda, quería juntarme con gente como yo, es decir, todo aquel que estuviera fuera del rebaño. Por eso, cuando entraba una alumna nueva, que automáticamente se convertía en «la marginada», allá que iba yo a hacer buenas migas con ella, porque, además, por lo general, no eran españolas, lo que lo hacía aún más interesante (bajo mi punto de vista). Siendo un colegio concertado, el número de alumnos era cerrado y las *new entries* eran muy difíciles, solo si eran «hijas de» se les hacía un hueco. Así que mientras los demás discriminaban a la chica nueva mexicana, por cierto hija de diplomático, allí estaba yo dándolo todo. Me parecía superinteresante, desde su acento hasta sus costumbres, solo veía cosas positivas, aire fresco; aunque ella tampoco se libró de los insultos por no tener un físico «estándar europeo». Otro caso fue el de la hija de una deportista de élite rusa, con ella sucedió tres cuartos de lo mismo. A mí me encantaba ir con ella y me parecía lo más. El problema de estas nuevas amistades era que estaban muy poco tiempo, como máximo un curso completo, y desaparecían, así que la compañía me duraba poco.

Eran actos que me hacían diferenciarme del resto, en mi mundo eso me ayudaba muchísimo, pero en la realidad solo empeoraba las cosas. Para los ojos de los demás era aún más rara y cuando mi mundo y la realidad se cruzaban, era como una bofetada de lucidez que hacía daño. Te voy a contar unas cuantas de esas «bofetadas»:

Cuando a principio de curso proponían las actividades extraescolares todas mis compañeras, con unos diez años, se apuntaban a atletismo o *ballet*. Pues yo me apuntaba a arte dramático, era mucho más genuino saber quién era Lorca y representar *Yerma* (que menudo dramón) que ser «del montón» de bailarinas. Claro, a arte dramático íbamos cuatro gatos y no duró ni dos años porque no éramos suficientes alumnos. Encima, cuando hacíamos la obra había tres padres viéndonos y en el resto de las actividades estaban los de la AMPA dándolo todo con sus peques. Discriminación *everywhere*.

Otro de los caldos de cultivo era el comedor escolar; aquí hay tela que cortar, porque para mí comer era uno de mis momentos preferidos y que me tocaran eso era peligroso, se estaban jugando un numerito como el de los donuts. Cuando llegaban las 12 h nos poníamos en fila para salir del colegio y cruzar la calle al edificio de enfrente, donde se encontraba el comedor de la escuela; en él había varias mesas rectangulares enormes en las que nos sentábamos organizados por curso.

Nos hacían rezar cantando para bendecir la mesa (iba a un colegio de monjas), y a mí me parecía más que correcto cantar y dar palmas, porque el momento de felicidad lo merecía, así que sin problemas me unía al: «Por este pan, por este don, te alabamos, te alabamos, por este pan, por este don, te alabamos, Señor». Y después del conciertazo disfrutábamos del menú: una jarra de agua, que rellenábamos del grifo del baño, un trozo de pan cada uno, un primero, un segundo y de postre una fruta o un yogur. Una vez a la semana había de segundo plato pollo con patatas fritas, ¡patatas fritas! Ese día era genial, porque luego la monja que nos traía la comida pasaba con una bandeja llena de mis amadas y levantábamos la mano si queríamos repetir. Y allí venía ella, cual aparición divina, a ponerte cuatro patatitas más (cuatro, literalmente: las podías contar con los dedos de la mano y te sobraba uno) hasta que llegó sor Angustias. Te prometo que fue por ella que empecé a cuestionarme todo esto de la Iglesia, pero ese es un tema demasiado extenso. Al llegar mi turno, se puso justo detrás de mí, yo bajé mi mano alzada esperando que me sirviera y, de repente, delante de todos mis compañeros y compañeras dice levantando la voz:

«¡A ti no, que no te hace falta comer más!». Todos y todas se empezaron a reír, yo me levanté corriendo y me encerré en el baño a llorar para que nadie viera que mi mundo de guay se estaba tambaleando. Tocada pero no hundida.

Ahora ya no solo eran los alumnos, también los adultos; siempre había alguien al que parecía molestarle que no actuara como la gorda de la clase.

Se ve que no seguir los clichés de hundirse en la miseria y resignarse a actuar como la típica marginada no les hacía mucha gracia. Total, que ya se esforzaban ellos para que yo no me olvidara de que era diferente, lo cual estaba malamente, tra, tra.

El personal docente también tenía su cuota de bofetadas. Una vez, cuando teníamos quince años y el profesor de Educación Física, Miguel, un hombrecito que creía que tenía que prepararnos para ir a competir en un Ironman. Se olvidaba de que éramos unos críos y que con dos horas de ejercicio físico a la semana tampoco es que pudiéramos hacer malabares. Aunque eso también nos lo hizo hacer con tres pelotitas, y tengo que admitir que fue de las pocas actividades que me motivaron; podría haber tenido un futuro prometedor en el Circo del Sol si le hubiera puesto más empeño. Tú me das ahora tres naranjas y me voy al *Tú sí que vales*.

Una mañana a Miguel se le encendió la bombilla y decidió que nos iba a medir y a pesar antes de empezar nuestro entrenamiento como deportistas de élite que (creía) éramos. Desconozco si lo hacía porque el colegio o algún ente educativo necesitaba esos datos para hacer alguna estadística, o si fue algo de su propia cosecha; el caso es que nos reunió a toda la clase en la habitación donde guardábamos los materiales y sacó la báscula y un metro. En ese momento empecé a angustiarme. ¿Cómo me iba a pesar delante de todos? Nadie podía saber lo que pesaba porque sería la comidilla, confirmaría que era la gorda de la clase, no podía permitir que eso sucediera y él lo sabía.

Comenzó por orden de lista, yo era la número diecinueve, así que tenía tiempo de pensar y ver cómo se desarrollaba la historia. Empezaron a subir las compañeras a la báscula y el tío, ni corto ni perezoso, decía los datos en voz alta mientras los apuntaba en su lista negra. Yo no sé la cantidad de *mardisiones* que le eché en un minuto.

Baja Claudia de la báscula y dice:

—¡Claudia, 1,60 m, 50 kg, muy bien!

Le sigue Patricia:

—¡Patricia, 1,65 m, 55 kg!

Se va cabizbaja y dice:

—Es que estoy en esos días, por eso pesaré más.

Y la gente murmurando:

—Vaya, 55 kg y no lo parece, pues con lo que le gusta comer, normal que se esté poniendo así.

Yo no sabía dónde meterme, qué iban a decir de mí que ya medía 1,75 m y pesaba la friolera de 65 kg. No es que fuera a ser la gorda de la clase, es que directamente iba a ser la obesa y seguro que se inventarían la manera de hacerme sentir la peor persona del mundo.

—¡Manuel, 1,65 m, 60 kg!

«Madre mía, peso más que Manuel, que es un chico. De esta no salgo viva».

Mi turno está llegando, pero antes me acerco al profesor y le digo susurrando, muy bajito para que nadie lo oiga:

—Por favor, ¿me puedes saltar y me peso la última cuando todos se hayan ido?

A lo que él me contesta a grito pelado para que a nadie se le escape el detalle:

—Diana, ¿por qué quieres pesarte la última? ¡Venga, vuelve a tu sitio que ya te toca!

Menudo momento ¡tierra trágame! Todos en silencio pendientes de mi respuesta: o me volvía a mi sitio y pasaba un bochorno para el que no estaba preparada, o me ponía chunga y terminaba en el despacho de la directora por desobedecer. Y todos sabemos que en ese momento tuve que sacar la déspota que llevaba dentro. Así que le dije que no pensaba hacerlo, que él no era un médico y no me podía obligar, no era quién para saber lo que pesaba. Visto que a las buenas no conseguí nada, saqué el valor para afrontar mi destino y conforme terminé mi discurso me fui rauda y veloz al despacho de la directora.

Ese día me volví a casa con una nota para que la firmaran mis padres, donde les informaban de que había desobedecido y contestado muy mal a un profesor, añadiendo que estaba teniendo una actitud muy irrespetuosa que no pensaban tolerar.

Pero no solo me volví con esa nota, también con un gran aprendizaje: pidiendo las cosas por favor no había conseguido salvarme, pero poniéndome en plan macarra sí; además, mis compañeros no solo no se habían reído de mí, sino que habían comentado: «Vaya tela, qué mala leche se gasta». Entonces me di cuenta de que era la solución definitiva a todos mis problemas y que si había conseguido librarme de la báscula, podría librarme de ser la gorda de la clase.

Con eso ya en la cabeza es cuando me lucí. En el último año de colegio, empecé a hacer amistades nuevas de los institutos aledaños y, atención, un año más mayores (ella, la mala). En aquella época salir de tu círculo escolar era toda una aventura y a los ojos de los demás eras supermalota porque ibas con Fulanito y Zutanito de tal colegio o Menganito del barrio chungo. Que ya os adelanto que ninguno teníamos ni media hostia y nunca me metí en una pelea ni en nada ilegal (porque colarse en la sesión *light* de la discoteca Woody con el DNI de tu amiga que ya había cumplido los dieciséis no cuenta, ¿o sí?). Nuestro nivel de chunguismo se limitaba a juntarnos fuera del colegio y mirar malamente a quien considerábamos un peligro para nuestro trono de «maldad», pero si venía alguien realmente macarra, nos íbamos por patas.

Pero este estatus era suficiente para que me dejaran en paz de una vez por todas y me tuvieran respeto. Vaya tela con lo del respeto, menuda tontería que teníamos encima. Lo peor es que surtió algo de efecto: dejaron de meterse conmigo, por lo menos a la cara, y como que pasó a un segundo plano el ser la gorda de la clase. Ojo, que no desapareció, solo que llamaban más la atención mis salidas de tono (la David Copperfield del *bullying*).

Este era mi año y estaba ansiosa por que llegara la graduación, eso quería decir que iba a perder de vista a todos y a todas las que en algún momento me hicieron daño y me iba a quitar el sambenito de la gorda de la clase, ya que yo iría a un instituto donde no habría nadie que me conociera. Matando dos pájaros de un tiro (o tres): *ciao* monjas, *ciao* hombrecito, *ciao* tanque. Y, lo más importante, iba a hacer lo imposible para adelgazar y ponerme un vestidazo para que en las fotos que quedaran para el recuerdo yo fuera la más divina.

Llegó junio y con él mi plan perfecto, yo no tenía ni idea de nutrición, pero de ver en las revistas de moda las dietas milagro y que el truco estaba en las calorías eché las cuentas rápidamente.

Si comiendo 1200 calorías al día durante una semana perdías 2,5 kg, comiendo 600, adelgazaría 5 kg. Siempre suspendía matemáticas, pero estos cálculos no se me escapaban.

Así que fui a la nevera y vi el paquete de pan de molde, miré las calorías que tenía, conté las rebanadas y lo dividí. ¡Vaya! Solo me puedo comer una si quiero añadir más alimentos durante el día, *OK*. Lo apunté en mi lista para tener el cuerpo perfecto, a lo que sumé un tomate y un huevo duro, que era lo que yo intuía que tendría menos calorías.

No te voy a mentir, pasé más hambre que Carracuca y tuve que mentir a mis padres e inventarme mil historias para que no me descubrieran. No porque pensara que estaba mal hacerlo, sino porque creía que ellos nunca iban a entender cuán necesario era esto para mí.

Durante esa semana fui con mi madre de tiendas para encontrar el vestido para mi glorioso día. Yo lo tenía muy claro, iba a ser muy corto, ajustado y escotado, tenía que enseñar al mundo las clavículas bien definidas y mis delgadas piernas, mi hambruna me ha costado; además, tenía que ser digno de una chica mayor que se va a petarlo por la ruta del bacalao, pero la canariona tenía otros planes para mí. Teniendo en cuenta que era en un colegio de monjas y que yo era menor de edad, mi madre decidió que lo más adecuado era un vestido por debajo de la rodilla, con cero escote y de mi talla, nada de segunda piel, ni tercera, ni cuarta. Pero ahí estaba yo con mis dotes de negociación, y a lo somormujo conseguí convencer a mi madre de que, aparte de ese vestido para la graduación, que «era precioso» (tenía que darle la razón para que colara luego el resto), necesitaba otro cambio. Porque al terminar nos íbamos de fiesta toda la clase con los profesores a Cánovas, una zona donde hay varios locales nocturnos de Valencia, y ahí ya no había ni colegio ni monjas de por medio.

Recuerdo que fuimos a la tienda Tacto, porque en aquella época en Inditex mi *booty* de la talla 42 no entraba en ningún lado, ya sabemos que al señor Amancio *los dineros* de las personas gordas no le interesan, allí encontré una minifalda roja y un *top* haciendo juego de licra bien ajustado atado al cuello, ¡era perfecto! Mi madre no estaba muy convencida, pero yo insistía en que solo me lo iba a poner para salir esa noche, que era muy especial, ya que yo no tenía permitidas las salidas nocturnas sin adultos, o sea, mi hermana, y para una vez que podía necesitaba esa ropa. Al final me salí con la mía y me compró el conjuntito acompañado de unas sandalias con un tacón ínfimo de la talla 41, en las que los dedos de mis pies estaban pidiendo clemencia. Al llevar una 42, y no existir, porque al parecer a la industria del calzado le costaba asumir que una mujer calzara más de un 39 y que se hubiera resignado a seguir «la moda» china del vendaje para tener los pies de loto dorado, ¡qué osados fueron mis padres permitiendo que se desarrollaran y que perdiera así mi feminidad! Así que me tenía que apañar con lo que había, era eso o unas deportivas. Si es que lo tenía todo, encima me podía quedar dormida de pie.

Llegó el gran día y me levanté corriendo al baño para pesarme y ver los resultados. Me desnudé, vaya a ser que la braga pesara un kilo, y me subí a la báscula.

¡Sí! Lo había conseguido, 60 kg, pero cuando levanté la mirada hacia el espejo me veía igual o peor, no había sido suficiente, iba a seguir siendo la gorda de la clase. Ahora lo pienso y midiendo 1,75 cm y calzando un 42, 60 kg para mí significaba estar realmente delgada, pero era incapaz de verlo. Y una vez más tiré de mi mundo y me dije: «Bueno, no se darán cuenta, como voy a ir muy ceñida, dará la impresión de que no estoy tan gorda». Ahora lo pienso, y me daba un par de hostias con el ibuprofeno *included* para el después.

Me vestí y me fui a una academia de peluquería donde por solo 6 € sus alumnos te peinaban de maravilla. Era un día especial, así que no podía reparar en gastos.

Cogieron mi media melena rubio pollo y me la alisaron. Para darle el toque *glam* me hicieron unos mechones ondulados por encima, con una raya en zigzag que ni Llongueras, las modas de entonces...

Ya estaba lista, me recogieron mis padres y fuimos al colegio, estábamos todos los alumnos atacadísimos, como si fuera universidad, nos sentíamos muy maduros e importantes. La ceremonia fue muy a la americana con diploma, placa y birrete incluido, que no se diga que el postureo valenciano no llega a las escuelas. Dimos gracias a Dios por aquellos maravillosos años, nos cambiamos de ropa y nos fuimos de fiesta loca con los profes. Entiéndase fiesta loca como un *pub* a las diez de la noche donde solo nos servían refrescos, pero me bastaba para lucir mi modelito.

Al terminar la noche, a las 00.00 h cual cenicienta, volví a casa con un sabor un poco agridulce. Nadie había hecho alusión a mi gordura, pero tampoco a mi delgadez. Entonces ¿de qué me había servido tanto sacrificio? Yo me seguía viendo igual de mal, porque al final me había creído que estaba gorda, y lo había hecho por los demás, que encima habían pasado de mi cara olímpicamente. Así que sin pensarlo fui a la nevera, pero esta vez para pegarme un atracón de campeonato mientras mis padres dormían. Lo repetí durante varios días, en los que me torturaba pensando que todo había terminado y, aun así, no había conseguido que nadie se arrepintiera de decirme que era la gorda. Un círculo vicioso de autodestrucción de manual.

Te puedes imaginar que en dos semanas no solo recuperé los 5 kg, sino que cayó alguno más.

Y hasta aquí todo lo que recuerdo, o lo que mi mente quiere recordar. Mi mente siempre ha sido muy lista, como las Destiny's Child, una *survivor*.

Hace dos años, cuando empecé el canal de YouTube, una excompañera del colegio con la que hacía doce años que no hablaba me escribió por Facebook para decirme que había visto mis vídeos y que le gustaba lo que estaba haciendo. Aprovechamos para ponernos al día e inevitablemente terminamos recordando anécdotas de la escuela. Y me contó algo que me dejó de piedra. Decía que yo le imponía muchísimo, ¡yo!, la malota de postureo que tenía en su cuarto el póster con los derechos de los animales rodeado de cuadros de ositos rosas y seguía durmiendo abrazada a un peluche. Como una ocasión en la que me acerqué a ella y le dije que se levantara porque estaba en mi sitio, y yo al ver que no se iba le dije: «O te levantas o te levanto». Y ella se fue sin pensarlo porque me dijo que no me entendía, que no sabía nunca si hablaba en serio o estaba de coña. Evidentemente le pedí disculpas, aunque me dijo que para ella era una anécdota y que no le había afectado en nada. Y yo me pregunto: ¿cómo puede ser que yo no recuerde absolutamente nada de eso y ella sea capaz de decirme hasta las palabras que utilicé? No dudo de su palabra, porque después de tantos años sería una tontería inventarse algo así. Lo que me llevó a las siguientes cuestiones.

¿Acaso en mi época de chunguismo ilustrado, mi mundo y la realidad tuvieron un punto de encuentro que se ha borrado de mi mente? ¿Estuve a punto de convertirme en el tipo de persona que me había hecho esto? Creo que estuve en esa delgada línea de creerme que no solo era genial ser diferente para ayudar a que mi autoestima luchara contra los insultos, sino que era mejor que los demás por ello. De ahí salía mi despotismo y superioridad para con ellos y se convirtió en una realidad. Pero, entonces, ¿por qué recuerdo tardes enteras llorando en mi habitación cada vez que me decían gorda si yo me creía ese papel?

Llegué a la conclusión de que fue una fachada temporal para no dejar al descubierto mis debilidades, ya que, si lo hacía, era darles la razón. Y eso sí que no...

Había conseguido transformar que mi entorno me dijera que era diferente y eso estaba mal; y que valía menos que los demás por no ser normal en algo positivo.

Soy diferente y por eso puedo hacer cosas que los demás no pueden.

Y así conseguí reforzar, a mi manera porque era una niña, la idea de que a lo mejor no era tan malo ser la gorda de la clase, ya que la transformación que hice con ese «título» me ayudó a interactuar con personas con las que jamás lo habría hecho: «Los marginados», que me aportaron cosas muy diferentes a lo que los demás podían ofrecer. O emprender actividades que nada tenían que ver con lo típico para una niña. Quizás fue todo eso lo que me hizo mantener los pies en la tierra y no terminar convirtiéndome de la víctima al verdugo.

2

ME LIBRÉ, POR MÍ, POR TI Y POR TODOS MIS COMPAÑEROS

2

¿CREES QUE ES POSIBLE PASAR DE SER DIANA LA GORDA A DIANA LA DIVINA SIN PERDER NI UN SOLO GRAMO?

Si contestas que «no», te echo mil *mardisiones*.

El fatídico destino de «la gorda de la clase» da un *unexpected* giro dramático al terminar el colegio y pasar al instituto. A pesar de que este periodo solo durase dos años, fue de lo más intensito. Nivel de drama *Gata Salvaje*.

Después de graduarme y terminar la época del colegio, me tocaba seguir con mis estudios, pero en otro centro, ya que en el mío no tenían los dos años más de bachillerato para seguir con mi formación.

No tuve que pensar mucho en la elección del nuevo instituto, había tres con el bachillerato que yo quería hacer, dos de ellos muy cerca de mi casa, pero a los que iban a ir la gran mayoría de mis ya excompañeros de clase, a los que no tenía ningunas ganas de volver a ver, *sorry not sorry*. Y el tercero, a unos veinticinco minutos caminando y al que nadie se iba a apuntar. ¿Adivinas a quién se le iban a poner las piernas como dos columnas dóricas? Sí, a servidora.

Hasta el momento, me daba una pereza máxima los diez minutos de paseo al colegio, pero los veinticinco hasta el insti me iban a saber a gloria con tal de tener una oportunidad para quitarme el sambenito de ser la gorda de la clase.

Recuerdo el primer día como si fuera ayer.

El centro no era de monjas y, por lo tanto, no llevábamos uniforme, así que la elección del *outfit* era muy importante para que la primera impresión fuera de la chica malota, del palo, en la que me había convertido. Lo suficientemente potente para que no se dieran cuenta de mi pasado como la gorda. Tenía que hacer como en el programa *Extreme Makeover*,[1] pero con los cuatro trapos de mi armario.

Me planté una camiseta blanca, bien arrepegada, de tirantes llenos de purpurina dorada que hacían juego con el dibujo frontal, un águila, estilo motero macarrónico, en tonos marrón y dorados. Una minifalda de color amarillo canario y unas sandalias *beige* que se ataban al tobillo con unas cuerdas.

Y todo este *look* aderezado con unos buenos aros de plástico amarillo fluorescente para darle el puntito de *flow*. Tenía que ser la Cardi B de la situación *Diamond district in the chain, I said I like it like that, Certified, you know I'm gang, gang, gang, gang.* ¿Y si encontraba allí a mi Bad Bunny?

Aunque en realidad era como una especie de espartana poseída por Leticia Sabater.

Al llegar al instituto, tuve una mezcla de sentimientos: entre felicidad por la novedad y miedo a lo que pudiera encontrar-

1 *Reality show* de la cadena estadounidense ABC en el que un equipo de diseñadores reconstruye una casa en una semana. *(N. de la e.)*

me. Quizás había salido de Guatemala para meterme en Guatepeor.

Pero me puse mi coraza de chunga ilustrada e hice mi entrada a lo Beyoncé. Por lo menos, así era en mi mente. Ya sabemos cómo va esto de las expectativas y la realidad. Igualito a cuando compras por internet un vestido de gala y te llega un camisón para trapos.

Lo primero que noté es que había olor a tabacazo. ¡Sí! ¡Como lo estás leyendo! En aquella época aún no estaba la ley antitabaco y se podía fumar tanto en el patio como en la cafetería del interior del edificio.

Pero ¡qué me estás contando! No solo podía ir vestida como me diera la gana, sino que, además, ¿iba a poder fumarme un piti, haciéndome la mayor en el recreo? *Amazing!*

Evidentemente a escondidas de mis padres, que si se llegan a enterar, se me cae el pelo.

Aunque lo mejor fue que me dieron un carnet con el que podía salir del centro en los tiempos de descanso.

¿Pero qué es esto? ¿No voy a estar controlada? ¿Puedo salir y entrar por tener ya los dieciséis años? ¡Libertad! O depende de cómo se mire, libertinaje, ya que fueron más las veces que salía y no volvía a entrar haciendo pellas en el bar de enfrente. Pero eso es otra historia... Mamá, papá, después de esta confesión, quiero que tengáis en cuenta que han pasado muchos años, así que, por favor, no me castiguéis sin mi plato favorito cuando vaya a veros. ¡Os amo! Y un besito para Antonio, nuestro camarero favorito que nos aguantaba en el bar.

Una vez superada la emoción del momento, entré a mi clase y aún no habían llegado todos los alumnos, así que había sitio de sobra para elegir. Había cuatro filas de pupitres dobles y me senté en el del fondo a la derecha.

Mientras tanto, iba observando cómo iban llegando los demás, a cada cual más *person*. No tenían nada que ver con la gente de mi anterior colegio, ¡era maravilloso! Y cuál fue mi sorpresa al ver que no se saludaban entre ellos; no era por falta de educación, es que casi todos éramos nuevos y veníamos de otros colegios, así que no iba a vivir en soledad lo de ser la nueva.

¿Podía mejorar aún más mi día? ¡Sí!

Los sitios libres empezaban a escasear y el pupitre de mi derecha seguía vacío. Entonces apareció Iván, un adolescente con el pelazo a media melena recogido con una cinta de tela a lo hippie y barba al mejor estilo Jesucristo Super Star.

—¿Está libre? —me dijo, señalando la silla.

Le dije que claro que sí, se presentó y se sentó.

No recuerdo de qué hablamos hasta que llegó el profesor, pero sí que nunca olvidaré la sensación tan extraña, a la par que genial, de estar hablando con un chico que no conocía de nada, pero que era supersimpático, con un rollo totalmente opuesto al mío, pero demostrando ganas de conocerme.

¡Atención, *spoiler*! Iván es el mismo Iván que conoces, si me sigues por las redes sociales, ese hombre *amazing* que me saca fotazas en la terreta.

Nos hicimos grandes amigos, fue mi salvador y compañero de aventuras cuando viví en Edimburgo años más tarde. Y no solo eso, hoy en día lo sigue siendo. Son de esas amistades tan fuertes que pueden pasar meses sin saber nada el uno del otro, pero siempre estamos ahí cuando nos necesitamos.

¿Quién lo iba a decir? El chico alternativo que iba de profundo con su libro de la *Divina Comedia* por los pasillos y que escuchaba a Fabrizio de André, y la pijo-choni con su pelo rubio pollo dispuesta a partir la pana en la disco, unidos a tope quince años después.

Él fue quien me bajó de la nube del chunguismo para subirme a la de la divinidad, y conforme pasaban los días de ese nuevo año conocí al resto de los compañeros con sus particularidades, a cada cual más especial.

¿Pero no era yo la chica rara?
¡Sorpresa!

Todos lo éramos, tanto tiempo creándome mi mundo donde yo era la guay, cuando la realidad era mucho mejor. Sí, yo era única, y no por ser la gorda, sino por muchas otras cosas que me llevaron a tener el mote de Diana la Divina.

Pero lo maravilloso es que descubrí que estaba rodeada también de gente única, diferente a mí, diferente al resto, pero no por ello mejor o peor que los demás.

Simplemente descubrí la diversidad, ¡qué bendición! La abracé con todas mis fuerzas y jamás me separé de ella, como la crema para evitar las rozaduras de los muslos.

Así que dejé mi papel de «chunga» y me dediqué a ser yo misma. ¿Y sabes qué?

La libertad que creí que sentí por poder fumar o salir del recinto se quedó en zapatillas comparado con perder el miedo al rechazo y desarrollar mi carácter al máximo.

Peeeeeeeero, porque siempre hay un pero, no va a ser todo chupigenuino.

La realidad era que estaba haciendo un montón de amigos y amigas *wonderful* y que nadie se metía conmigo, es más, todo lo contrario, empezaba a tener un éxito tremendo entre el público masculino y no tenía que fingir ningún papel para defenderme de nadie. Sin embargo, no era suficiente para curar toda la carga de ser la gorda durante años, y yo misma autosaboteé mi época dorada.

De puertas para fuera era una adolescente extrovertida, intentando ir siempre vestida a la última moda, y digo intentando porque mi concepto de moda era ser un mix entre Christina Aguilera y Beatriz Luengo de la serie *Upa Dance.* Siempre tenía planes para salir, tuve varios novietes... Y no olvidemos que era Diana la Divina, se podría decir que era hasta popular.

¿Y de puertas para dentro qué? Aquí viene la época negra. Prepara el *corasonsito* y una buena tila para el drama que se avecina.

Creía que era feliz por todo lo bueno que me estaba sucediendo, era un cambio a mejor increíble, pero cuando estaba en mi casa y me miraba en el espejo, seguía viendo a Diana la gorda.

Veía una barriga enorme, unos muslos y un culo que no me pertenecían de lo grandes que eran, una cara fea, muy fea. Los labios eran demasiado finos, los ojos demasiado pequeños, las orejas de soplillo, una tez muy pálida, unas manos y unos pies enormes, muy masculinos, el pecho diminuto y un largo etcétera de defectos que hacían de mí una persona tremendamente insegura, con la autoestima por los suelos e incapaz de ver la realidad.

¿Sabes cuál era la realidad? Que era preciosa.

Ahora miro las fotos de esa Diana y veo una adolescente perfectamente sana, de 1,75 m que pesaba 60 kilos, tenía un tipazo de infarto, una cara preciosa y, lo más importante y que jamás conseguía ver porque estaba muy ocupada odiándome, que era una buena amiga, divertida, extrovertida, inteligente. Una adolescente llena de vida y capacidades increíbles para sentirme más que orgullosa de mí misma.

Pero lloraba a escondidas, encerrada en mi habitación, frustrada porque veía que jamás iba a ser guapa y mucho menos entrar en una talla 36. Nunca iba a conseguir tener éxito en ningún ámbito de mi vida, ni en el amor, ni en el trabajo, ni con los amigos. Nunca iba a ser lo suficientemente buena para mí y, en consecuencia, tampoco para los demás.

Solo conseguía sentirme bien en los momentos que un chico me decía que era guapa. Aunque en el fondo pensara que lo decía porque este nunca había conocido a una chica realmente guapa.

Cuando a una amiga le gustaba la ropa que llevaba, aunque tenía la certeza de que si me decía que me quedaba bien esa falda o ese pantalón era solo porque éramos amigas e intentaba, desde la compasión y la pena por mí, hacerme sentir bien.

Conseguía sentirme atractiva cuando me echaba un novio, pero evidentemente sabía que me dejaría en cuanto encontrara otra mejor que yo, seguro que estaba conmigo porque las demás chicas guapas y perfectas lo habían rechazado antes. Lo que, además, me hizo convertirme en una novia inquietantemente celosa y posesiva.

Había dejado en manos de los demás mi autoestima y mi felicidad.

El día que volviendo a casa del colegio pasaba un coche y me gritaban desde la ventanilla: «¡Gordaaaaaaaaaa!», me destrozaba. Y me pasaba toda la semana haciendo barbaridades con la comida para que no se volviera a repetir.

Como si eso fuera a eliminar la existencia de los gilipollas, pero esto lo pienso ahora.

En aquellos momentos, tenían razón, todo el que opinara bien o mal sobre mí tenía la verdad absoluta.

Así que entré en un bucle muy peligroso en el que siempre estaba en la búsqueda del reconocimiento y la aceptación de los demás para tener una *fake* autoestima y felicidad.

Por eso era peligroso, porque cuando no lo obtenía, no era nadie, no merecía vivir, era un saco de grasa sin nada más.

En este momento, a mis treinta y un años, te estoy contando esto completamente rota y entre lágrimas. Y no porque aún me sienta así, sino porque no he conseguido perdonarme el daño que me hice, todos los momentos que me perdí y que jamás volverán. Nunca podré volver a tener dieciséis años e ir a la playa con mis compañeros, a los que siempre decía que no podía ir porque estaba con la regla. No puedo volver a decirme lo fantástica que era y que el que los demás me quisieran tenía que sumar, pero que no podía depender mi felicidad de ello.

No puedo volver y contarles a mis padres por lo que estaba pasando para dejar que me ayudaran.

Aún no me puedo perdonar no haber disfrutado de mi adolescencia como me lo merecía.

Y te cuento todo esto porque tú, que me estás leyendo, si eres esa adolescente, aún estás a tiempo.

... no dejes en manos de los demás tu autoestima y tu felicidad, disfruta de ti y de cada experiencia, por-

que para cuando quieras darte cuenta no podrás volver atrás en el tiempo, y créeme que te arrepentirás.

Ámate con todas tus fuerzas, haz lo que te apetezca en cada momento.

Pide ayuda si la necesitas, no tienes que tener ninguna coraza, no te tienes que avergonzar de la situación que estás viviendo, te mereces vivir y disfrutar sin sufrir por tu talla de pantalón, tu altura, tu nariz, por la forma de tu cuerpo, el color de tu piel…

Los cánones de belleza no son una ley que determina si eres una persona válida o no.

¿Quién decide lo que es bello? ¿La industria de la moda? ¿Las multinacionales y su publicidad que intentan que consumas sus productos para alcanzar la perfección que nunca alcanzarás?

Y nunca lo harás porque no existe, la belleza es subjetiva y las normas que hay sobre ella hay que romperlas. Todo depende de los ojos con los que se mire, así que haz que los tuyos vean la persona única y genial que ya eres.

Creo que si mi experiencia puede servir para que tú no pases por lo mismo, quizás algún día me perdone. Mientras tanto, seguiré trabajando duro para que los estereotipos no sigan arruinándonos la existencia. Continuaré exponiéndome en redes sociales las veces que haga falta para demostrarte con hechos que eres mucho más que una talla. Y que si yo puedo disfrutar de la playa en bikini pasando de las miradas e insultos, comer en público sin miedo a ser juzgada y mirarme al espejo y ver lo increíble que soy, tú también puedes.

3

LA MIA FAMIGLIA

¿POR QUÉ TE PONES ESO?
¡DEBERÍAS IR MÁS TAPADA!
¡NO COMAS TANTO PAN!

3

¿TODAVÍA NO SABES QUE TU FAMILIA PUEDE SER TU MEJOR ALIADA O TU PEOR ENEMIGA?

Seguramente aún no lo sepas porque, a veces, no es tan evidente.

Nos cuesta creer que alguien de nuestra propia sangre pueda intentar hacernos daño, y por eso tendemos a dejar que nos lo hagan, ya que nos cuesta identificarlo.

En mi caso, por suerte, he tenido unos padres que en todo momento me han hecho saber que mi valía no disminuía con el aumento de la talla de mis pantalones, y nunca jamás han juzgado si era mejor o peor por mi aspecto físico. ¡Ojo! Eso no quita que cuando empezó a ser más que evidente que tenía algún problema, cuando comencé a engordar sin control, no se preocuparan por mi salud y sí que me dijeran, a través de mi hermana, que es la asertiva de la familia por excelencia, que necesitaba ayuda profesional. Lo cual es muy diferente a insultarme y humillarme por ello, e incluso a intentar que piense que voy a ser una fracasada en la vida si no tengo un «cuerpo 10». Sí, hay gente así suelta por el mundo...

Es más, todo lo contrario, con un padre de Bellas Artes, una casa llena cuadros y esculturas que representan la diversidad del cuerpo femenino, una madre *amazing* aunque no fuera una top model, y una hermana mayor que era un ejemplo a seguir por su inteligencia y sus buenas notas, todo apuntaba a que mi familia no me iba a dar ningún problema al respecto.

Pero en todas las familias se cuecen habas y, aunque siempre he contado con el apoyo de mis padres y mi hermana, no es la única familia que tengo, así que tampoco me he librado de esos episodios en los que te apetece echar *mardisiones* a alguien que deberías querer.

Me voy a remontar a la tierna infancia, a los once años, mes de junio, ya finalizando el 5.° curso de EGB. Estaba deseando que terminaran las clases para pasar unas vacaciones maravillosas sin ser la gorda del colegio, y no podía parar de pensar en el verano tan genial que me esperaba, casi tres meses de pura diversión, playa y piscina, en los que mis únicas preocupaciones iban a ser leer la revista *Super POP* y pensar en qué parte de mi habitación iba a poner el póster de los Backstreet Boys que contenía en su interior.

Este verano íbamos a pasar parte de las vacaciones con mis tíos y mis primas a su casa.

Ellos vivían en un chalet con piscina en un pueblo tranquilo, donde poder jugar y salir a la calle sin los «miedos» de las grandes ciudades.

El paraíso para cualquier niña que venía de un apartamento en el centro de Valencia.

Pero antes de partir, llega ese momento, **EL MOMENTO,** de probarse el traje de baño del año anterior. Mientras mi madre prepara las maletas, me acerco a ella con el bikini puesto, partiéndome de la risa, porque no me entra ni una pierna de lo pequeñísimo que me está. Estaba claro que había que comprar uno nuevo para poder darlo todo en condiciones, así que nos fuimos a El Corte Inglés, en mis tiempos y con mi talla no había más opciones. Subimos a la planta de ropa para niños (hasta catorce años), yo estaba encantada de que se me hubiera quedado pequeño el bikini del año anterior para que me compraran uno nuevo, siempre en mi línea de positividad. Además, recuerdo que lo quería lleno de colores chillones con el estampado de lejía, que era lo más *cool* del momento.

Iniciamos la búsqueda de mi ansiado bikinazo, seleccionamos varios y cuando estoy en el probador y empiezo a ver que me quedan aún más pequeños que el del año anterior, mi madre me trae una talla más, y otra más, y otra más... hasta llegar a la de catorce años, que como te podrás imaginar, también me estaba pequeña.

En realidad, estábamos viviendo un drama y yo no me daba ni cuenta.

Como cuando dos años antes fuimos a por el traje para hacer la primera comunión. ¡Qué recuerdos!

El día que mi madre trajo a casa el catálogo de vestidos de comunión para que eligiera los que me quería probar me sentí como una diva.

Pasaba las páginas emocionada, señalando con mi lápiz todos los vestidos de princesa. Ya que por mi tamaño nunca había tenido el disfraz de Bella (aún sigo en su ardua búsqueda, si lo encontráis por ahí mandadme un e-mail o un DM, *please*), era mi momento de ser una princesa Disney de manual.

Después de seleccionar casi todos los modelos más pomposos a tope de tul y floripondios, nos fuimos a los grandes almacenes a pasar, lo que iba a ser, toda una tarde de elección del vestido perfecto.

Pero al llegar y entregarle a la dependienta la selección que había hecho, me miró de arriba abajo escaneándome, y le dijo a mi madre:

—Es que para niñas tan mayores no tenemos talla de estos modelos. Solo de dos.

Mi corazón roto en mil pedazos, y mi cara de penita al saber que ni siquiera en mi gran día iba a poder ser la Bella; la situación era un poema.

Mi madre le dijo que tenía nueve años, y la dependienta, muy «amable», le dijo:

—Como es tan grande, pensé que tendría por lo menos doce. —Y añadió la bromita—: Pues igual os tenéis que ir a la sección de vestidos de novia.

Menos mal que no se dedicaba a la comedia, se hubiera muerto de hambre. Aunque, bueno, como dependienta, tampoco es que estuviera siendo la empleada del mes precisamente. ¿Te imaginas volver ahora a lo Julia Roberts en *Pretty Woman*?

Evidentemente, los dos vestidos que había de mi talla no estaban en mi *wish list* y eran bastante sencillitos.

Me los probé y el que era menos sencillo fue el elegido. Mi madre no paraba de repetirme lo preciosa que estaba y lo bien que me quedaba. ¡Qué hubiera hecho sin mi *mamma*, que estaba allí para quitarle hierro al asunto!

Y la verdad es que el día de la comunión sí que me sentí como una princesa, y me hace mucha gracia ver mis fotos posando *like a blogger*, ahuecándome la falda y dando vueltas para crear el efecto volumen.

¡Qué bonito cuando aún vives en tu feliz ignorancia infantil!

Volviendo a la crisis bikini, que me pongo a recordar y me lío.

En esta ocasión mi madre tenía una actitud de medio preocupación, que escondía muy bien, y se centraba en buscar soluciones.

Así que la talla no iba a ser un problema, estábamos en unos grandes almacenes, solo teníamos que subir una planta más para ir a la sección de trajes de baño de juventud, en la que había tallas de sobra. Pero, como su propio nombre indica, eran para jóvenes y no para niñas. Por lo tanto, nos costó bastante encontrar un modelo que se adecuara a mis necesidades, porque aún era pronto para el postureo bikinero con once años.

Al final, lo conseguimos, me acuerdo del bikini que me compró mi madre como si fuera ayer: la parte de abajo era un pantaloncito a cuadros blanco y negro y la parte de arriba tipo top deportivo con el mismo estampado, pero con unas letras en charol negro. No era de colores chillones como el que yo quería, pero era de mi talla y volví a casa supercontenta con mi nueva adquisición. Aún vivía en mi feliz ignorancia de los problemas que me depararía la industria de la moda, y no solo ella, con las tallas.

Recuerdo los comentarios con mi hermana, cinco años mayor que yo, al contarle la aventura para poder encontrar un bikini:

—¡Madre mía, Diana! Si sigues creciendo tan rápido, al final te vas a poner los míos.

Tengo que decir que en aquella época yo no tenía ni siquiera sobrepeso, sí que era más alta y corpulenta que mis compañeras de clase, pero era una niña perfectamente sana.

¡Ya estamos todos listos! ¡Nos vamos de vacaciones a casa de las primas!

Vamos en el coche con el casete de Aqua cantando a grito pelado el: *I'm a Barbie girl, in a Barbie world, life in plastic, it's fantastic...* sin saber ni lo que significaba, aunque pronto ese *Barbie world* me iba a explotar en la cara. *Welcome to reality, Barbie bitch.*

Llegamos a nuestro destino y lo primero que me dicen mis tíos al verme es:

—Vaya, Dianilla, ¡qué grande te estás poniendo! —Con un tonito burlón que en ese momento no entendí como un «¡qué gorda te estás poniendo!». Sino que me lo tomé como un piropo, como si estuvieran elogiando mi salto a la preadolescencia. Pero en realidad debería haber contestado: «Vaya, yo también me alegro de veros...».

Después del viaje nos sentamos todos juntos en la mesa del comedor a cenar algo rápido, ya que entre charlas y juegos se nos había hecho tardísimo, y mi tía, la anfitriona, sirve la comida en los platos. Empieza por los mayores, a los que evidentemente da más cantidad, pero cuando llega el momento de «las niñas», alzo mi plato, me pone mi ración, la miro y sigo esperando con el plato en la mano a que me ponga el resto. Pero pasa a la siguiente prima y me deja con el plato a la mitad. Me quedo callada y pienso que a lo mejor es que cuando termine de repartir ya me pondrá el resto. ¡Ja! ¡Que te lo has creído tú!, ella acababa de decidir que necesitaba menos comida que las demás por ser más grande.

En ese momento me sentí como la gorda de la clase, pero en este caso era la gorda de la familia por primera vez.

¿Sabes lo que provocó eso? Que me diera una vergüenza tremenda pedir más comida, por miedo a ser juzgada y humillada como en el colegio. Así que esperé pacientemente a que los mayores se acostaran para ir a atracar el congelador y atiborrarme de pulgarcitos, esos helados de nata y chocolate que traía el Bofrost con su música celestial en el camión de congelados. Esas cajas de cincuenta unidades que parecían infinitas entraban que no veas, uno detrás de otro como si fueran los espárragos Carretilla, donde en el anuncio una mujer los sacaba del bote y se lo metía en la boca del tirón sin masticar ni nada.

Con la diferencia de que los pulgarcitos eran helados petados de grasas y azúcares, no una sana verdurita.

Me fui a la cocina a oscuras y descalza para que mi chancleteo hacia el pecado no despertara a nadie, el instinto de supervivencia te hace agudizar todos tus sentidos, hasta hacerte invisible. Yo, *cum laude* en ninja, ataqué sin piedad a esos pequeños manjares.

Y en menos de diez minutos me vi rodeada de envoltorios vacíos que no podía tirar a la basura porque me iban a delatar en cuanto alguien los viera. Así que me los escondí en los bolsillos del pijama, sintiéndome fatal por lo que estaba haciendo. Pero tenía hambre, necesitaba comer, y con once años pues una manzana no era lo que más me pedía el cuerpo. Por lo que rápidamente asocié que comer estaba mal, pero también me sentía mal saciándome de esa manera. Eso sí, al terminar me sentí tan bien, tenía mi estómago lleno y los niveles de azúcar *on fire*, la sensación final fue maravillosa.

Era una niña, no tenía ni idea de nutrición, solo pensaba en llenarme el estómago y tenía que hacerlo sin que nadie me viera, porque por alguna extraña razón que no entendía, mi tía me estaba restringiendo la comida.

Y sin darme cuenta me acababa de dar mi primer atracón, era el principio del fin de la feliz ignorancia.

A la mañana siguiente, como podrás suponer, tenía unos retortijones del infierno y no me encontraba muy bien, así que no desayuné y llegué a la hora de la comida con más hambre que Carracuca. ¿Y qué crees que pasó? Que me volvió a servir la mitad de comida que a las demás. ¿Y qué hice yo por la tarde? Volverme a atiborrar de pulgarcitos clandestinamente, y así un día tras otro hasta convertirse en mi secreto más oscuro, en mi momento del día de mayor culpa y satisfacción a la vez. Cuando me quise dar cuenta, no podía parar de hacerlo y pasó a formar parte de la rutina de ese verano.

Y poco a poco esos momentos dejaron de saciar solo mi hambre para empezar a llenar los vacíos que me producirían el miedo a la humillación y la preocupación de ser juzgada.

Y ahora, ¿cómo te cuento la relación tan tóxica que estaba teniendo con la comida? Me es muy difícil verbalizar lo que sentía con ella.

La situación era que no era consciente de lo que estaba sucediendo, ahora sí, pero no puedo explicarte con detalles el batiburrillo de sentimientos que me llevaron hasta este punto de no retorno.

Hasta ese momento jamás le había dado importancia a la comida, servía solo para quitarme el hambre, pero ahora era mi «compañera», teníamos ese secreto juntas, nuestro momento diario de satisfacción.

Aunque esto no es todo. ¿Te acuerdas del bikini que tanto me costó conseguir y la ilusión que tenía por estrenarlo en la piscina con mis primas? Pues llegó el momento.

Me despierto, me visto y oigo a mi tía que dice:

—¡Venga, chicas, preparaos que vamos a la piscina!

La felicidad invadió todo mi ser, me puse eufórica a buscar mi bikini nuevo en la maleta para ponérmelo y disfrutar del día, no sin antes ser embadurnada por mi madre con crema de protección solar factor 50. Vaya a ser que la niña copito de nieve fuera a terminar como una gamba y despellejándose cual lagarto.

Ya estaba preparada para pasar un día perfecto, nos vamos todas las primas a la piscina, cada una con su traje de baño a la moda. Como estábamos todas en la edad del pavo (entre once y dieciséis años) le dábamos mucha importancia a ser las sirenitas de turno, y nos enseñábamos con orgullo los modelitos que estábamos estrenando.

En ese momento apareció mi tía y se me quedó mirando fijamente, que más que mirarme me estaba escaneando. Pero yo, inocente de mí, creí que era porque estaba apreciando con detalle mi *amazing* bikini. Hasta que más tarde se me acerca y con un tono de voz muy suave me dice:

—¿No crees que te quedaría mejor un bañador para tapar la barriga? Tus primas, como están delgadas, usan bikini, pero a ti te quedaría mejor un bañador.

En ese momento me cortocircuité y no supe ni qué decir, no entendía nada y las dudas empezaron a atormentarme:

¿Qué le pasa a mi barriga? ¡Una barriga de un cuerpo de niña de once años! El típico buchecito que teníamos todas antes de desarrollarnos. Que, aunque hubiera sido una barriga que me llegara hasta el suelo, estaba en todo mi derecho de ponerme ese bikini. Me encantaba usarlo porque adoraba la sensación del agua fresquita en la piel, es más, no iba en pelotas porque aún no conocía el nudismo, pero vamos, que si hubiera crecido con él normalizado, estaría encantada de la vida.

¿Por qué no me quedaba bien el bikini? Por favor, era una niña, ¿qué significa que algo te quede bien? Para mí era que me gustara la forma de la prenda y los colores. ¡Ah! Disculpa mi feliz ignorancia, ahora entiendo, que le quede bien a mi cuerpo.

¿Lo que le queda bien a mi cuerpo es taparlo? ¿Por qué? ¿Porque no es delgado como el de mis primas? O, ahora que lo pienso, ¿a lo mejor porque asusta la idea de que una niña esté creciendo, sabiendo que lo importante en ese momento era que tenía que estudiar, ser buena persona, no mentir, ser generosa, etc., etc., y no preocuparme mínimamente por lo que opinaran los demás de mi físico?

O, lo que es lo mismo, **el miedo a lo desconocido, el misterioso caso de la niña que en los años noventa priorizaba su diversión, los valores y la educación a lo que pensarían los demás al ver que su físico no era el de una top model en bikini.**

Pero ¿sabes qué es lo mejor? Que ni siquiera la culpo por sus palabras, y tampoco por restringirme las comidas.

Ella es una víctima más de los malditos cánones de belleza y de la presión por seguir los estereotipos.

Estoy totalmente convencida de que mi tía me quería y me quiere, y de que lo hacía «por mi bien», porque no lo hacía solo conmigo, lo hacía con sus propias hijas a otros niveles. Y estoy segura de que al igual que ella mucha gente pensaba que si mi físico era diferente a lo que «debía», sería una fracasada que jamás encontraría un novio, un buen trabajo y nadie que me quisiera.

Imagínate vivir en el cuerpo de una persona a la que le han hecho creer que si no es perfecto, todo le va a salir mal.

Lo peor es que sé que hay muchísima gente que aún lo cree, y que no se puede explicar cómo he conseguido ser feliz, tener un novio que no está gordo (porque todos sabemos que los flacos solo pueden amar a los flacos, los altos a los altos, los gordos a los gordos...), tantos trabajos buenos y, ¡flipa!, ¡de cara al público! ¡Han permitido que una gorda trabaje con clientes que la ven en persona! ¿Pero no las tienen encerradas en fábricas?

Tengo amigos que me quieren y, es muy fuerte, ¡no se avergüenzan de mí! El mundo se está volviendo loco, ¿dónde vamos a llegar?

Incluso *unexpectedmente* gente que me admira, que me valora, porque en su mente no solo está el valor del físico, y evidentemente yo no tengo un cuerpo merecedor de todo lo que tengo en la vida, debería estar triste y sola atiborrándome a pulgarcitos en un rincón hasta el fin de mis días.

Y por desgracia hay muchísimas madres, tías, hermanas, padres, primos y un largo etcétera de familiares que no están libres de los prejuicios que nos han impuesto y que han normalizado la idea de que el físico 90-60-90 es igual al éxito y todo lo que salga de ahí equivale al fracaso.

PRUEBA DE ELLO SON VUESTROS PROPIOS TESTIMONIOS.

Cada vez que me llega un e-mail con el título «Mi historia» me echo a temblar, porque ya sé lo que se avecina. No os hacéis una idea de los cientos de mensajes que me llegan con casos prácticamente idénticos y muchísimo más duros que el mío con frases como, por ejemplo, y cito textualmente:

«Mi madre iba detrás de mí diciendo que tenía que adelgazar como fuera, que estaba gorda, que si seguía así ningún hombre me vería bien.»

«No querían jugar conmigo porque estaba gorda (me lo decían), yo me sentía tan inútil y tan errónea, que siempre me preguntaba por qué yo era gorda y ellas no. En casa también era la gordita, recuerdo que mi madre me decía repetidas veces: "¡Pero mira qué melón tienes ahí delante!", y yo me sentía aún peor.»

«Los "no comas más que vas a reventar", eran frases muy repetidas en cada comida, por parte de mi madre y mi abuela.»

«Siempre tuve ese sentimiento de que cualquier cosa que hacía era para agradar a mi madre (llegué a caer en la bulimia muchos años).»

«Y mi padre me saltó con un: "Gorda, que da asco mirarte, ¿te has mirado a un espejo?".»

«Mis tíos me llamaban siempre gorda (...) eso de estar molestándome toda la vida llamándome gorda sí me afectó y siento mucha cólera xq gracias a ellos esto es como un trauma, xq cada vez q me decían "estás gorda" me daban ganas de comer y meterme un atracón, lo hacía de joven y me sentía culpable, después de cada atracón que me metía, comía muy poquito varios días para no engordar.»

Y así podría seguir hasta el infinito. La última podría haberla dicho yo misma perfectamente, es increíble y aún no deja de sorprenderme cómo tenemos tan normalizadas estas situaciones que ocurren en nuestras propias familias. Que esas actitudes que nos dañan tanto nazcan de las personas que más nos quieren. Pero son una realidad y seguro que en la mayoría de los casos ese familiar que te dice esas barbaridades cree que te está haciendo un bien, se siente en la obligación de hacerlo porque está convencido de que es lo mejor para ti. Y es aquí cuando entra en juego la fuerza de nuestra autoestima. Solo cuando la he tenido en óptimas condiciones he sido capaz, primero, de que no me afectara lo más mínimo, y segundo, de darme cuenta de que, en mi caso, mi tía era una víctima igual que yo. Y que, seguramente, sufría y sufre más que yo porque jamás sabrá lo que vale realmente y la maravillosa mujer que es porque no puede ver más allá del espejo. Y jamás tendrá el físico «perfecto», simplemente porque no existe, por lo tanto tampoco podrá ver el valor real de los demás.

Una de las frases que más repito en mis vídeos cuando me preguntáis cómo consigo seguir teniendo la autoestima bien alta es: soy mucho más que esto. En los momentos en los que dudo de mí misma, porque los hay, porque al igual que no existe el físico perfecto tampoco existe la psique perfecta, me miro al espejo y me repito una y otra vez esas palabras, **SOY MUCHO MÁS QUE ESTO**. Por muy obvio y banal que te parezca, pruébalo, es gratis y no tienes nada que perder, y después empieza a enumerar todo lo que eres: inteligente, buena persona, altruista, generosa, sincera, trabajadora, buena madre, hija, luchadora, valiente... No hay ningún problema en decirte a ti misma todas tus cualidades, deja a un lado la falsa modestia y repítelo todas las veces que creas necesario, tu físico no te define como persona, el resto de los valores sí. Y estos ni envejecen, ni engordan, ni adelgazan, tampoco les salen estrías, ni celulitis, en definitiva, estos son los que importan y los que tienes que tener en cuenta.

Eso de «quien bien te quiere te hará llorar» es una mentira como un templo, para querer bien a los demás, incluyendo a la familia, lo primero es aprender a quererse a uno mismo más allá de lo que ves en el espejo, así que yo más bien diría «quien bien te quiere, a sí mismo se querrá».

4

AMOR EN TIEMPOS DE GORDA

4

¿PLANTAR A UN CHICO QUE TE HA DEJADO TRES VECES PORQUE SE AVERGÜENZA DE ESTAR CON UNA GORDA ES UN ACTO DE VENGANZA O DE JUSTICIA?

No seré yo quien conteste a esa pregunta, lo voy a dejar a tu juicio.

Después de crecer siendo la gorda de la clase, por mucho que tuviera mis mundos de yupi donde yo era la más guay, en el mundo real los complejos me acechaban fuertemente y esto se vio reflejado en el inicio de mis relaciones con los hombres.

En la época del colegio, cuando tenía quince años me empezó a gustar un chico que tenía un año más que yo, era de «los mayores», así de rebelde era yo. Él, vamos a llamarle Sergio, no sabía ni de mi existencia, pero pronto encontré como hacerme notar. Urdí uno de mis planes perversos y me arrimé a su mejor amigo, y poco a poco Sergio empezó a hablarme. A esas alturas yo ya me estaba imaginando nuestra boda y los cinco hijos preciosos que íbamos a tener, aunque veía imposible que a alguien tan popular como él le pudiera gustar yo.

A mitad de curso, después de meses de ir detrás de Sergio, entablamos una amistad y empecé a notar que había química entre nosotros, pero atención, solo cuando nos quedábamos a solas, delante de sus amigos y en el colegio era bastante seco conmigo. Eso sí, cuando nos veíamos después de clase en el parque era muy cariñoso y se sentaba a mi lado en el banco ¡rozando pierna con pierna! Eso era una clara señal de que él sentía lo mismo que yo. Quizás era muy vergonzoso y por eso no iba más allá. «Los mundos de yupiiiii, los mundos de yupiiiii.»

Así nos tiramos todo el curso, hasta que llegó junio. Yo no aguantaba más, y viendo que él no movía ficha, me dije a mí misma: «Diana, es inútil que sigas perdiendo el tiempo, si crees que le gustas lánzate tú, déjate de príncipes azules, que en tu situación o atacas o te quedas sola, seguramente será el único al que le puedas gustar, así que no lo dejes escapar». La reina de los *speeches* motivacionales.

No lo había hecho antes porque las señales eran confusas, a solas estábamos genial, pero luego en el colegio era invisible para él. Así que hice 2 + 2, y decidí lanzarme, pero en privado, así tendría más posibilidades de triunfar. Una se tira a la piscina cuando hay agua, si no, hace *puenting*.

Una semana antes de que terminara el curso, un día al salir de clase me armé de valor y fui corriendo a mi casa para quitarme el uniforme y ponerme mis mejores galas, un pantalón vaquero, bien ceñido con una campana que ni Las Grecas, una camisa lila de manga tres cuartos con lazos en los puños, rigurosamente sustraída del armario de mi hermana, y unas plataformas de tipa dura que eran lo más. Acompañado de un peinado sencillo a la par que elegante: pelo bien tirante recogido en un moño rodeado por el pañuelo de la discoteca de moda, Virtual. Una sombra blanca por todo el párpado y mucho *gloss* para mi boquita de piñón. Me iba a declarar al hombre de mi vida, no podía ir de cualquier manera.

Y así de bella me planté en la puerta de su casa y le toqué al telefonillo, estaba atacada, seguramente no tardó ni un minuto en contestar, pero a mí se me hizo eterno.

—¿Quién es? —dijo la voz del futuro padre de mis hijos.

—Sergio, soy Diana, ¿puedes bajar un momento al portal?

—Sí, bajo ya.

No me lo podía creer, ¿así de fácil? Si bajaba ya sin preguntar, es que se olería a lo que venía, estaba hecho.

Esperé mirándome en el reflejo del cristal de la puerta de entrada a su portal, metiendo barriga, vaya a ser que se diera cuenta de que no tenía el vientre plano y me rechazara. Tenía que estar perfecta para el momento.

Aparece y abre la puerta, mi reflejo se desvanece y me encuentro delante de él y, sin ni siquiera saludarle, le digo:

—¿Te puedo hacer una pregunta?

—Sí, claro —dijo sin inmutarse.

Fui muy directa, ya que si obtenía un no por respuesta, solo tendría que aguantar una semana de vergüenza y empezaba el verano; o sea, que no lo volvería a ver. Los planes si se hacen, se hacen cucamente con todo bien atado.

—¿Quieres ser mi novio?

Sonrió y dijo:

—¡Sí!

Ahí fui yo la que ni se inmutó, me quedé paralizada, pero en mi mente empezó a sonar música celestial, *I believe I can fly, I believe I can touch the sky…*

Oficialmente, ¡tenía mi primer novio! Yo, la gorda. Eso quería decir que mi mundo era real.

Le contesté con un «¡vale!» y me marché a casa de mi mejor amiga para contárselo. Después de todo el coñazo que le había dado con Sergio durante todo el año, se merecía saberlo la primera y yo necesitaba compartir el notición.

Durante esa semana, casualmente, estuvo muy liado en el colegio y el pobre no podía demostrarme su amor en público, pero era tan tierno que sacaba tiempo de debajo de las piedras para venir a última hora a mi casa a recogerme y así poder ir de la manita por la calle hacia el último banquito del parque, donde nadie nos pudiera ver, para darnos nuestros primeros piquitos. Era superdetallista, no quería que nadie nos molestara, encima de que teníamos poco tiempo para estar juntos, ¿cómo iba a permitir que interrumpieran el momento con su amada Diana?

Y llegó el día de la fiesta de final de curso. Iba a ser nuestro gran momento, con todo el tiempo del mundo para estar juntos, así que para nuestra presentación como pareja en sociedad me puse un *outfit* rompedor. Un mono vaquero ceñido, con pantalón de campana que se cerraba con una cremallera a la altura del pecho, usando el truco de ponerte dos sujetadores con relleno, uno encima de otro, para intentar ser un híbrido entre la mujer que buscaba a Jacks y Sonia y Selena. Eran los referentes de la feminidad y yo no me podía quedar atrás, además, que también *quería bailar toda la noche*.

Entré al colegio en busca de mi amado, pero estaba hablando con sus amigos y ni me saludó, este chico siempre tan ocupado. Así que fui hacia el grupo de las chicas de mi clase.

No me dio ni tiempo a llegar, cuando dos compañeras suyas me pararon y riéndose en mi cara me dijeron: «Nos hemos enterado de que Sergio te va a dejar hoy».

Hice como que no las había oído y seguí mi camino.

Me pasé toda la tarde con mi mejor amiga especulando por qué me habían dicho eso. No entendía nada, habíamos pasado una semana de película emboscados, dándonos piquitos, ¿qué había podido salir mal?

Cuando ya pensaba que estaba todo perdido, mientras salía del colegio, aparece mi amor, pero para decirme que ya no le gustaba, y que ya no éramos novios.

Le dije que eso era imposible, que cómo había podido dejar de gustarle en una semana si llevábamos todo el año tonteando.

A lo que él me contestó, sin ningún tipo de tapujos, que sus amigos se habían enterado de los nuestro y se reían de él.

Me fui sin preguntarle el porqué, ya sabía la respuesta: se reían de él porque le gustaba la gorda.

Vaya, parece que la realidad ha vuelto a ganar a mi mundo.

Esa noche me la pasé sin dormir, llorando a moco tendido, rezando mucho para que se arrepintiera y volviera conmigo. De algo tenía que servir mi educación cristiana, necesitaba un milagro.

En esos momentos ni se me pasaba por la cabeza la idea de que Sergio fuera un capullo integral que no me merecía.

Estaba tan enamorada, o más bien abrumada por la sensación de que era el primer chico al que le gustaba y seguramente el último, que si no estaba con él terminaría sola rodeada de gatos.

Lo que, por cierto, a día de hoy me parece un planazo. Así que pedí con todas mis fuerzas que volviera.

Después de una semana, mis plegarias fueron escuchadas y volvió.

Si es que yo sabía que le gustaba, era solo cuestión de tiempo, o de que estábamos en vacaciones de verano y era más fácil seguir juntos a escondidas.

Me dijo que volvíamos a ser novios, pero que esta vez no se lo contara a nadie, que teníamos que llevarlo en secreto, y que solo íbamos a quedar lejos del barrio para que nadie le viera conmigo.

Acepté del tirón, me pareció el chico más detallista del mundo. Había pensado en todo para que nuestro amor floreciera sin problemas. Si ya te lo estaba diciendo, era el hombre de mi vida. Definitivamente, la positividad se me estaba yendo de las manos.

Creo que ya te imaginarás que a las dos semanas sucedió exactamente lo mismo. Y sí, hubo una tercera vez. Mi recién estrenada vida amorosa se había convertido en el día de la marmota.

Pero antes de pasar al siguiente sujeto, tengo que contarte el final de mi historia con Sergio.

Pasó un año, y con él, el salto a la adolescencia y el cambio al instituto. Yo ya estaba más crecidita y me había quitado el cartelito de la gorda. Ahora era la divina.

A pesar del tiempo y de que estudiábamos en institutos diferentes, viviendo en el mismo barrio era inevitable que nos cruzáramos de vez en cuando y que saltaran chispas.

Un buen día llega un SMS al móvil de mi hermana, que muy amablemente compartía conmigo, yo aún no tenía porque era demasiado joven y con las cabinas telefónicas y el fijo de casa nos apañábamos (qué vieja me siento diciendo esto). Era un Alcatel One Touch Easy, más conocido como la compresa por su gran parecido con esta, el último grito en tecnología.

Era de Sergio, y decía: «Hola, Diana, ¿cómo estás?, ¿te apetece quedar?».

Metí 30 céntimos en la hucha para las recargas de móvil y le contesté: «Claro que sí, nos vemos a las 17 h en la puerta del cine».

Yo estaba loca de contenta, claro, él me había visto por el barrio, supermayor y guapetona, y por fin íbamos a poder estar juntos, nadie se interpondría en nuestro destino.

Cogí el autobús y cuando bajé lo vi de lejos que ya estaba esperándome. Conforme iba acercándome, sentía que ya no tenía las mismas mariposas en el estómago que hacía un año, pero seguí caminando hasta llegar a él.

Nos saludamos con dos besos, decidimos la película que íbamos a ver y compró las entradas. ¡Qué detallazo! Seguía siendo igual de tierno y me estaba invitando. ¡Qué galán!

Como aún quedaban un par de horas para que empezara la sesión, nos fuimos al banquito de un parque cercano, por aquello de recordar viejos tiempos. Mientras hablábamos se iba arrimando más y más y el momento beso era inminente. Yo no paraba de pensar en todo lo que me había hecho pasar, quizás por eso ya no me gustaba como antes, me sentía superincómoda y lo único que quería era desaparecer, pero no tenía la valentía de plantarme, decirle cuatro cosas y dejarlo tirado. Así que solo hice lo último.

Antes de darle la oportunidad de besarme, me vino una iluminación y le dije que tenía que ir a la cabina a llamar a mis padres para avisarles de que a lo mejor iba a llegar un poco tarde a casa, ya que la peli terminaba después de las 21 h y si el autobús se retrasaba no podría cumplir con el toque de queda. Mis padres confiaban en mí y me dejaban salir, siempre y cuando llegara antes de las 22 h, y si por algún casual no podía cumplirlo, les tenía que avisar desde una cabina de mi ubicación y de la hora de llegada. Hoy en día puede parecer un poco extremo, pero sin otro modo de comunicarnos cuando estaba fuera, y teniendo en cuenta que a mí me costaba poco hacerlo y ellos se quedaban más tranquilos, el trato me parecía muy correcto. Y bendita la hora en la que llegamos a este acuerdo que me salvó.

Me levanté del banco con paso muy tranquilo, fui hacia un edificio que había enfrente, fingiendo que sabía que justo detrás había una cabina.

Pero la realidad es que allí estaban las paradas de autobuses y en cuanto di la vuelta a la esquina me puse a correr los 100 metros lisos y me subí en el bus de camino a mi casa.

Este daba la vuelta por el parque donde estábamos y allí me ves, agachándome por si acaso Sergio se giraba y me veía escapando.

Yo sí que lo vi, seguía sentado en el banco con las entradas de cine en la mano, mirando por todos lados esperando a que volviera.

Yo no sé cuánto tiempo se quedaría allí esperando, y tampoco tuvo el coraje de intentar volver a contactarme. **Supongo que asumió la derrota. La gorda le había plantado.**

Tenía sentimientos encontrados: por una parte me sentí una cobarde por no ser capaz de enfrentarme y decirle lo que realmente pensaba, pero con esa edad no se le pueden pedir peras al olmo, y por otro lado creí que había hecho lo correcto.

Después de humillarme escondiéndome porque se avergonzaba de mí, el que no había sido valiente era él, no le había importado tratarme como una basura todo este tiempo para quedar como un machote.

Pero aun con todo esto, tengo que agradecerle que fuera un gilipollas, él marcó un punto de inflexión determinante para el resto de mis futuras relaciones amorosas. **Me había abierto los ojos, y era la primera (o la cuarta) y la última vez que iba a permitir que alguien me chuleara de esa manera.** Por lo menos, me había sucedido muy joven y aún estaba a tiempo de cambiar mi destino de gorda humillada por los hombres.

Durante ese año tuve amoríos varios con un par de chicos del instituto y alguno que otro fuera de él. Entiéndase amoríos como relaciones de dos o tres meses en las que salíamos al cine (en estas ocasiones sin darme a la fuga), nos dábamos cuatro besitos y, bueno…, qué te voy a contar que tú no sepas, las típicas cosas de adolescentes con las hormonas *on fire*.

Pero mi yo del pasado tenía muy claro que mi virginidad era «mi tesoro», era la Golum del sexo, y no se la iba a dar a nadie así a la primera de cambio. Sé que puede sonar absurdo lo de «dar tu virginidad», pero ir a un colegio de monjas al final te hace mella. No creía en llegar virgen al matrimonio, pero quería estar muy segura de que la persona con quien lo hiciera fuera merecedora de ello, así que tenía que tener la certeza de que aquel hombre sentía tanto amor como yo por él y no iba a ser algo pasajero. Ideas de la «dignidad» de la época. Vamos, que yo era perro ladrador pero poco mordedor.

Y esta no era la única razón por la que me mantenía casta y pura, también estaban mis maravillosos complejos que me impedían ir más allá.

Recuerdo estar besándome con un chico que me encantaba y cuando él intentaba tocar alguna parte de mi cuerpo que no fuera mi cuello o mi cara, quitarle la mano en cero coma.

Vaya a ser que se diera cuenta de que mi cuerpo no era perfecto. Como si la ropa fuera una capa de invisibilidad para mis defectos y mis complejos.

Pero entonces llegó Fermín, *un muchacho feliz, con buen porvenir y pantalones vaqueros*. Jamás una canción de Mónica Naranjo pudo describir tan bien a alguien.

En la primera cita fuimos a cenar al restaurante Foster's Hollywood donde yo trabajaba los fines de semana. La encargada, que era mi amiga, nos había reservado una mesita con sofás para estar cómodos y tener más intimidad.

Ella misma vino a tomarnos nota, él se pidió un costillar barbacoa, y cuando llegó mi turno, pedí una ensalada César. Mi amiga se giró y me miró muy dramáticamente abriendo mucho los ojos, como diciendo «¿Tú una ensalada?, pero si en tu vida te he visto comer una ensalada, solo te he visto cómo te metes entre pecho y espalda las hamburguesas con queso y las patatas con beicon y doble de salsa ranchera».

Como le estaba leyendo la mente, le contesté frunciendo el ceño con una mirada de ojitos medio cerrados, queriéndolo decir: «Ni comentario, querida, tráeme la ensalada y ya luego hablamos».

Evidentemente, no podía permitir que Fermín pensara que era una gorda, porque todo el mundo sabe que las mujeres delgadas solo comen ensalada y las gordas se alimentan a base de *fast food.*

Y fue en ese preciso instante cuando me di cuenta de que me estaba haciendo la delgada, ¡pero si me dejé hasta media ensalada! Estaba ya muy llena, tenía que dar la impresión de que comía como un pajarito para ser lo más femenina posible. Cuánto daño han hecho los roles de género...

Esa noche, en cuanto llegué a casa, abrí a mi amiga la nevera y me hice un buen sándwich, para evitar la desnutrición del momento.

Durante los siguientes meses, la relación progresó adecuadamente; ya le dejaba tocarme un brazo o un poco la pierna. ¡Eh! Que yo tenía mucho complejo con mis piernas, eso para mí era un gran paso.

Para entendernos, tuve a Fermín a pan y agua en cuanto a temas de cama se refiere, más de un año, aunque seguramente nuestro entorno ni sospechaba de mi «pureza».

Después de esta prueba de resistencia, tenía todas las papeletas para ser el elegido. Ya había superado el tema ensaladas y me sentía cómoda comiéndome hasta un kebab delante de él, con sus correspondientes salsas chorreando por todas partes. ¿Qué más tenía que pasar para darle rienda suelta a la *gosadera*? Yo ya era mayor de edad, estábamos muy bien juntos, ya me había demostrado que no era cosa de una noche después de más de un año *waiting for*. Así que muy natural yo, le dije: «Cariño, prepárate que la semana que viene —¡que le puse hasta fecha y todo!— lo vamos a hacer».

Y esta vez sería a él al que le sonó en la cabeza: *I believe I can fly, I believe I can touch the sky...*

El voto de castidad había llegado a su fin.

No voy a darte los detalles escabrosos de cómo se desarrollaron los acontecimientos porque esto no es una nóvela erótica, y sé a ciencia cierta que mis padres están deseando leer el libro de su niña. Y al igual que yo no quiero saber ningún particular de cuando me concibieron, creo que ellos tampoco quieren saber los de mi pérdida de la virginidad. Aunque, a pesar de la diferencia generacional, yo soy mucho más pudorosa que ellos con estos temas, llámame rara.

Lo que sí que te voy a contar es que tenía muy clara una cosa, aparte de la fecha, todo iba a suceder con las luces apagadas. Porque si me veía desnuda y descubría que no era una modelo de Victoria's Secret seguro que me iba a dejar.

Estuvimos trasteando la luz, él la encendía y yo la apagaba. Hasta que en uno de mis apagones me pregunta:

—¿Pero qué te pasa con la luz? Si no nos ve nadie, estamos solos tú y yo.

Y como ya tenía mucha confianza con él, pensé *from lost to the river*, se lo cuento:

—Es que tengo miedo de que no te guste mi cuerpo, de que veas que no es perfecto y me dejes.

Y aquí Fermín se lució y me dijo algo que marcó un antes y un después:

—Diana, eres igual vestida que desnuda, ¿qué tontería es esa?

Me sentí un poco estúpida por autosabotear mi momento, en esa habitación la única persona que tenía algún problema con mi cuerpo era yo misma.

Además, con lo ajustada que llevaba la ropa esa afirmación era bastante literal.

Esa frase me la he dicho a mí y se la he dicho a mis amigas con complejos cientos de veces. Parece una obviedad, pero te sorprendería la cantidad de gente que no lo tiene claro.

Si eres alta, baja, gorda, delgada... vestida, cuando te desnudes no vas a ser lo contrario, la otra persona sabe lo que hay y por eso está ahí contigo, porque es lo que quiere, lo que le gusta.

Y desde entonces nunca jamás volví a apagar la luz para esconderme.

Fermín no duró para siempre, se nos acabó el amor de tanto usarlo, pero me ayudó tremendamente con mis complejos, y gracias a él, con los posteriores hombres con los que he estado he podido tener relaciones sexuales a lo loco y sin tapujos. Seguro que si algún día lee este libro y se reconoce le hará mucha ilusión saberlo.

Una vez que volví a mi estado de soltería y superado el periodo de mírame y no me toques, llegó mi época dorada.

Ya tenía veintiún años y emprendí mis aventuras viviendo y trabajando en el Reino Unido. Era una chica joven, con ganas de comerme el mundo y sin problemas por comer una hamburguesa en público. Me llevé tres maletas, en las que por supuesto no metí ni un complejo ni medio, y las llené de esa libertad que mi cuerpo tanto necesitaba.

Fueron casi tres años en los que tuve trabajos que jamás creí que podría desempeñar, conocí a gente de países que no sabía ni que existían, me puse al límite de mis capacidades y superé adversidades de las que yo misma no daba crédito, pero eso da para otro libro. Aquí lo que nos interesa es qué pasó con los varones.

Pues lo que tenía que pasar después de un periodo de opresión, la anarquía más total, sin tener que darle cuentas a nadie, y por fin liberada del bloqueo que tenía con mi cuerpo, hice todo lo que me dio la gana. Ya que además de esto, la situación tenía el ingrediente añadido de «aquí nadie me conoce, y no me van a juzgar», vaya a ser que alguien pensara que era una fresca por acostarme con quien me diera la gana estando soltera.

¿Te pensabas que te iba a dar una chapa de moralidad sexual? Ni yo ni nadie somos quién para hacerlo, es algo demasiado personal, y te lo digo yo que he estado en las dos caras de la moneda.

Lo di todo literalmente, disfruté de mi cuerpo y de mi sexualidad como yo quería hacerlo, y si algo aprendí es que todo tiene su momento. No cambiaría ni una sola de las decisiones que tomé al respecto, porque todas ellas me llevaron a mi situación actual.

Una vez que creí que ya no tenía nada más que hacer en UK me volví a España con veinticuatro años y la esperanza de encontrar un futuro mejor, pero la cruda realidad es que la situación de crisis estaba en pleno auge y no hubo manera de encontrar un trabajo, tampoco me di mucho tiempo, un mes y ya estaba pensando cuáles iban a ser mis siguientes pasos.

Lo primero que pensé fue en irme a Italia, después de la experiencia que viví en el instituto cuando hice el intercambio cultural con una chica de Padua, me quedé enamorada del país, de su gente, de su cultura, de su idioma... En el fondo estaba un poco, bastante, fuertemente obsesionada con Italia, casualidad o no en UK estuve con dos chicos italianos y como que había revivido esa curiosidad y estaba dispuesta a vivir la *dolce vita*.

Pero en esta ocasión la realidad superó a las expectativas que me creó la película *Bajo el sol de la Toscana*.

Llegué a Milán el 19 de agosto de 2011, es una fecha que nunca podré olvidar, con un contrato como *au pair* en una familia con una niña de ocho años y un niño de diez, lo tenía todo perfectamente planeado, la familia me daba una habitación con baño privado, un sueldecito muy apañado todas las semanas, barra libre en la cocina y una academia de italiano. Iba a estar un año, por las mañanas mientras los niños estaban en el colegio yo iría a clases de italiano para aprender bien el idioma y sacarme mi diploma, y por las tardes los iba a cuidar a cambio de todo lo anterior. Al año con mi título en mano decidiría qué hacer con mi vida, si ir a Alemania o volver a algún país de habla inglesa para perfeccionar mi *spanglish*.

Vino el padre con los niños a recogerme al aeropuerto, y estos me dieron un ramo de flores; qué lindos, estaba superemocionada por esta nueva etapa de mi vida. Yo es que siempre he sido un culo inquieto y los cambios me dan la vida. Llegamos a la casa y siendo el primer día no tenía que trabajar, así que me dediqué a organizar mis maletas y conocer un poco a los peques.

El padre me comentó que como era agosto y su gimnasio estaba cerrado, esa misma tarde iban a venir sus amigos a entrenar a la terraza de la casa, y que como había muchachos que también se acercaban a mi edad, luego me los quería presentar para que fuera conociendo a gente del lugar. *Oh yeah! So blessed.*

A mí con mi *open mind*, me pareció una idea maravillosa, así que terminé de colocar todo, me duché, me arreglé y cuando me quise dar cuenta habían pasado horas y tenía al padre tocándome a la puerta de la habitación para que saliera a la terraza, ya que habían terminado el entrenamiento.

Mira, ni en mis mejores sueños perversos, salgo y me veo a diez pedazo de tíos italianos, musculosos, sudados, sin camiseta. ¿Hola? *It's raining men, hallelujah, it's raining men, amen.* Si es que podría resumir mi vida con canciones.

El padre me presenta:

—Esta es Diana, la chica española que va a estar con nosotros este año.

Me dan todos la mano, se presentan y van comentando:

—¿Eres española?, ¡qué bonito! Me encanta España.

—¿De qué ciudad eres?

Yo que soy más cuca que todas las cosas, y ya había tenido mis líos con italianos y sabía su debilidad por nuestro acento, contesto:

—De ValenCia. —Haciendo mucho hincapié en la pronunciación de la C.

Enseguida empezaron a decir que qué acento tan bonito, que les encantaba cómo pronunciaba... Y yo para mis adentros: «Lo sé todo, querido».

Y entre tanto maromazo, había uno más calladito, el más alto y el que menos aspavientos había hecho con mi presencia, era él, el Churri. Yo le había echado el ojo, pero por el momento ahí quedó la cosa.

A los pocos días, el padre me dijo que volvían todos para entrenar, pero que esta vez se iban a quedar a cenar en casa y que le gustaría que me uniera a ellos para integrarme y relacionarme con gente. Cosa que yo agradecí porque recién llegada y sin conocer a nadie, cualquier momento lúdico que no fuera jugar con los niños era más que bienvenido.

Mientras ellos entrenaban, me puse a preparar una tortilla de patatas y una sangría, ¿hay algo más típico español? Bueno, eso y que es lo único que sé cocinar medio decente, ya que no puedo alardear de dotes culinarias, más bien, todo lo contrario.

Cuando terminaron y se ducharon nos sentamos en la mesa, nos saludamos, el Churri más seco que la mojama, con un simple *ciao*, y yo por dentro ya empezaba a pensar: «Pero este tío chungo, ¿de qué va?».

Estaban todos felicitándome por la tortilla (eso es porque nunca habían probado la de mi madre), yo más feliz que una perdiz relacionándome, y el otro pasando literalmente de mi cara.

¿Pero será posible que el que me ha gustado no me haga ni caso?

A los cuatro días se volvió a dar la misma situación, pero con un ingrediente que lo hizo reaccionar.

Durante la cena uno de los chicos me empezó a tirar la caña descaradamente, y me pidió el número de teléfono para quedar, ya que él había estudiado español y se ofreció muy amablemente para ayudarme con el italiano. Y aunque a mí el chico no me gustara accedí, porque no tenía por qué pasar nada más de una charla y salir a tomar algo. Yo aún no había empezado en la academia y estaba más sola que la una, así que *why not?*

Y el Churri que las mata callando, esperó pacientemente a que se fueran todos para quedarnos el padre, él y yo solos en la mesa, y entre chupito y chupito salió el tema de hacer una excursión a la montaña y coger las bicis.

Entonces, comenté que yo no sabía montar en bicicleta (es lo que tiene vivir en pleno centro de Valencia y que no tengas yayos en el pueblo) y el cuco mayor que era él, y no yo con mi C de Valencia, me dice:

—Yo tengo una bicicleta de más, si quieres te la puedo traer aquí, quedamos y te enseño.

La verdad es que en el momento no lo interpreté como una declaración de intenciones, ya que había sido superseco las veces anteriores, pensé que simplemente quería ser amable, no sabía que era más perverso que yo.

Cuando ya había perdido la cuenta de los chupitos, veo que me he quedado sin tabaco, y en Italia solo lo venden en estancos y puntos autorizados, que cuando están cerrados, como en este caso, dadas las altas horas de la madrugada, tienes que sacarlo de una máquina expendedora que tienen en la puerta, pero para que la máquina funcione tienes que meter tu tarjeta sanitaria italiana, que en aquel momento yo no tenía, para que verifique que eres mayor de edad. Así que me levanté y le pedí al padre que por favor me dejara la suya, ya que iba a ir un momento a por tabaco.

El Churri se levanta para irse también y el padre (que era su amigo y lo conoce) se percató de sus intenciones y le dijo:

—Churri, ¿por qué no acompañas tú a Diana a por tabaco y le dejas tu tarjeta? Es que es muy tarde y no quiero que le pase nada de camino, me quedo más tranquilo si vas con ella.

Se gira hacia mí y me guiña el ojo. ¡El padre sí que era el cuco mayor!

Salimos de la casa, tensión en el ascensor, yo ya estaba flipándome, vamos a sacar el tabaco y volvemos a casa andando muy despacito. Yo no quería que el tiempo pasara. Hablamos de todo un poco, bueno, hablé, porque a pesar de tener un nivel bastante basiquito de italiano, lo que no tenía era vergüenza y yo quería hablar mucho, para que me conociera y cayera rendidito a mis pies. ¡Si es que me volví de UK con una autoestima que no tiene precio!

Llegamos a la puerta y comentamos: «Bueno, pues a ver si quedamos y nos vemos…», y coge me da las buenas noches y se da media vuelta.

—Perdona, es que no me has pedido el número, si no, no sé cómo nos vamos a poner de acuerdo para quedar —le digo.

Cuando te digo que tenía mucha autoestima y poca vergüenza es literalmente.

Se apuntó mi número y le dije que me hiciera una perdida para yo tener el suyo también.

Y ahora sí, ya le di yo también las buenas noches y me subí a casa victoriosa.

Me pasé toda la noche como una chiquilla, mirando el móvil a ver si me escribía, que yo tampoco sé qué pretendía, pero bueno, cosas de la emoción del momento.

Tampoco te creas que esperó mucho, al día siguiente me mandó un SMS invitándome a salir esa misma noche y acepté de muy buena gana.

Me llevó a un local muy coqueto. Tomamos unas cervezas y hablamos hasta las tantas de la madrugada. La tensión sexual era evidente, nos gustábamos, yo ya sabía que nos íbamos a despedir con un morreo de película.

¡Que te lo has creído tú! Me hizo un pedazo de cobra que ni la de Bisbal a Chenoa y me plantó dos besos, me dio las buenas noches y a correr.

¿Pero qué acababa de pasar? ¿Cómo ese hombre no había sucumbido a mis encantos?

La época en la que era la gorda de la que avergonzarse ya quedaba muy lejos, y después de mi larga experiencia como rompecorazones, no me cabía en la cabeza que yo no le pudiera gustar, así que empecé a plantearme que quizás es que nunca había estado con una mujer y era muy tímido. Ilusa de mí.

Como al día siguiente no me escribió, le escribí yo, que tampoco iba a pasar nada si daba mi brazo a torcer. Quedamos al día siguiente y aquí sí, ¡qué noche! Me llevó a la terraza de un restaurante superdivino, en una placita de un pueblo supertípico italiano, con su suelo de adoquines y *jazz* en directo. ¡Hasta cenamos pasta fresca! ¡*Dolce vita* en estado puro!

Pues al llevarme a casa y despedirnos en el coche, me vuelve a hacer otra cobra y me da otros dos besos.

Y así estuvimos casi un mes quedando con mucha frecuencia, pasando tiempo juntos, con muy buena conversación, *feeling* a tope, pero que no había manera de que se lanzara. Y como para mí era una situación totalmente diferente a lo que me tenían acostumbrada los hombres, estaba expectante por saber cómo terminaba la cosa.

Hasta tiré de la técnica de tomarme un caramelo de menta y darle uno a él también, para que quedara más que claro, que ese caramelo era la antesala al ansiado beso, y nada.

Yo ya estaba pilladísima por él, y había que dar un paso *avanti*, así que a la siguiente noche que quedamos le dije que ni cena ni nada, que quedábamos directamente para tomar algo.

Pasamos una noche romantiquísima en el lago de Arona, y esta sí que fue la noche. Al dejarme en casa, bajamos del coche, saqué mis caramelos de menta, e inesperadamente mientras estaba hablando, me calla con un pedazo de beso acompañado de un magreo en mitad de la calle que ni dos adolescentes en su primera vez.

Pasó de la nada al todo, y desde entonces han pasado ya casi ocho años, me rompió todos mis esquemas y aquí seguimos, enamorados hasta las trancas. Atención que me voy a poner intensita.

Me ha hecho ver lo que es querer de verdad y bien a una persona, no solo no se avergüenza de mí, o pretendía una relación de sexo esporádico. Con el tiempo me confesó que no se lanzaba porque estaba asustado porque era la primera vez que estaba sintiendo algo tan fuerte por alguien, ya que antes de conocerme, al igual que yo, se encontraba en su época anárquica, nada que ver con mis teorías de que era tímido, más bien todo lo contrario.

No me dejó tirada cuando llegué a pesar 130 kg y llegué al punto de una mañana no poder ni levantarme de la cama del dolor de la hernia que tenía, tampoco cuando tuve que ingresar en una clínica de adelgazamiento y seguir un tratamiento también psicológico para tratar este problema, que venía de lejos. Se preocupó de entender qué era lo que estaba pasando y hacer todo lo que estaba en su mano para ayudarme. Y hoy en día sigue intentando que cuide mi salud y consiga mi objetivo de estar completamente sana.

Durante estos años hemos vivido juntos, mi mejor y mi peor época en cuanto al físico se refiere, y en consecuencia también psicológicamente, y lejos de dejarme o perder el interés, ha hecho todo lo posible por ayudarme a salir del hoyo.

Al igual que yo, que también lo apoyo en todo lo que necesita, con su trabajo, sus miedos, sus inseguridades... Las relaciones no se basan en el físico. Él es un hombre al que libremente le apetece cuidarse, hacer deporte, y no por que él esté «*estandarmente* buenorro» es superior a mí por estar gorda. Basta ya de creer que los gordos solo pueden estar con gordos, los frikis con los frikis, los delgados con los delgados, los listos con los listos... Las parejas están formadas por personas que se AMAN, y ninguno es más o menos que el otro por nada. Y esto vale para cualquiera que se pueda sentir inferior en una relación por el motivo que sea. Si es así, ya sabes, ¡sal de ahí, pero por patas!

Eso es querer bien a una persona, no el ver solo un tipazo, no el esconderte, porque ¿qué van a pensar los demás de ti?

Todo eso quedó en el pasado, llámalo karma, destino, o como quieras, quizás tenía que pasar por todo eso para poder tener la relación que tengo ahora, así lo quiero pensar.

Al fin y al cabo, todas las etapas de mi vida amorosa me han hecho aprender algo que me ha servido, para bien o para mal, pero al final lo que cuenta es que las he vivido, y no he permitido que nadie pudiera conmigo, y que hiciera que me rindiera pensando que no era lo suficientemente buena por no tener un físico de 90-60-90.

5

EL FIN DEL LETARGO

5

¿CUÁNTAS VECES TE HAN DICHO QUE EL PRACTICAR ACTIVIDAD FÍSICA ES IMPRESCINDIBLE PARA GOZAR DE BUENA SALUD?

¿Y cuántas veces te lo has pasado por el Arco del Triunfo?

No sé tú, pero yo, muchísimas veces.

A estas alturas de la historia, puedes imaginarte que tuve (y tengo) trastorno por atracón, pero no te he comentado nada del proceso.

Estaba engordando a un ritmo frenético, entre 10 y 15 kilos por año. Que se dice rápido, pero eso es como un embarazo por año.

Mientras llevaba una vida muy activa, no era visible en el espejo, pero en cuanto empecé a tener trabajos más sedentarios fue más que evidente que algo no iba bien.

Por suerte, para mi autoestima esto no era un problema, pero para mi salud física sí. Así que entre los veinte y los veintisiete años mi cuerpo me iba mandando señales, de las cuales yo hacía caso omiso. Porque ¿señales a mí?, ¿de qué? Yo soy joven y fuerte y no voy a permitir que nada me pare. Otra cosa no, pero el optimismo nunca me ha faltado.

Lo peor que puedes hacer es vacilarle a tu propio cuerpo, la batalla siempre la va a ganar él.

Con señales no me refiero a que no te cierre un pantalón y tengas que comprarte una talla más, tampoco a que no quepas en la silla de la terraza del bar de tu barrio. Para mí, que iba de Juana de Arco de la vida, esto eran pequeñas anécdotas hasta graciosas. (P. D.: Sigue leyendo hasta el final del libro porque te voy a contar las más bizarras para que nos echemos unas risas).

El quid de la cuestión está cuando te levantas un buen día después de siete años de subidas y bajadas de peso a lo bestia, evitando la báscula, decides subirte a ella (completamente desnuda y antes de desayunar, vaya a ser que marque algún gramo de más) y ves que pesas 130 kilos. Ahí es nada, eso son como cuatro niños de diez años (real que lo he buscado en Google).

En ese momento igual debería haber pensado que se me había ido un «poquito» de las manos y que, «a lo mejor», necesitaba ayuda.

¿Ayuda yo? ¡Pero si tengo todo bajo control! Claaaaaaro, por eso llevaba meses con dolores de espalda que iban *in cres-*

cendo. Dolores que conseguía soportar atiborrándome de paracetamol y Enantyum.

Hasta que llegó el día en el que los fármacos que me permitían seguir con mi vida dejaron de hacer efecto *unexpected!* y no tuve más remedio que ir al médico. Pero no te creas que fui con la intención de un diagnóstico para mis ya insoportables dolores que no me dejaban ni dormir, y que llegaron a impedirme levantarme de la cama. Sí, como lo estás leyendo, había días que me quedaba enganchada y no podía ni estar sentada. Pero todo *OK*, ¿eh?

Acudí al doctor para que me recetara algún medicamento más fuerte, porque yo tenía que seguir con mis ocupaciones y no podía estar así. ¡Ahí! ¡Con un par!

En cuanto entré a la consulta y le conté todo, lo primero que me dijo fue:

—¿Te has hecho alguna vez una radiografía en la espalda?

—No, ¿por qué? —Ahí ya mi cara pasó de Juana de Arco a gatito de Shrek.

—Pues porque lo más probable, con los síntomas que me estás comentando, es que tengas una hernia discal.

—¿Perdón? ¿Una qué? ¡Pero si soy muy joven!

Yo no daba crédito, había ido a por unas buenas *pastis* que me quitaran el dolor y el médico estaba osando mandarme pruebas para diagnosticarme una patología. ¿Cómo se atreve, *doctorsito*? (Léase con voz de culebrón dramático).

Efectivamente, tenía una hernia discal, ¿y adivinas por qué? Porque no le había hecho ni puñetero caso a las claras señales que me mandaba mi *body*: «*Bitch!*, ¡pierde peso!, ¡que no puedo con mi alma!».

Me hice la radiografía y cuando volví a verle con ella se me cortó el cachondeíto, pero de golpe.

Pero aún no estaba todo perdido, me dijo que todavía era salvable y que si adelgazaba lo suficiente para quitar esa presión que estaba aguantando mi columna, podía evitar la operación.

Hellou? ¿Operación? Eso eran ya palabras mayores. Y más para alguien que ha visto más médicos en *Anatomía de Grey* que *in the real life*.

Me remitió a un traumatólogo, que a su vez me puso en lista de espera para entrar en una de las clínicas de adelgazamiento que tiene la sanidad pública en Italia, para ayudarme a solucionar esta situación. Lo que estás leyendo, clínicas de gordos en Italia, ellos, los reyes de la *pizza* y el *salame*.

Pero mientras tanto ¿qué? No podía permitir que pasara ni un día más. Tenía que empezar a cuidarme y hacer ejercicio para ir perdiendo algo de peso por mi cuenta. ¡A menear el cucu! Si ya me lo estaba diciendo Missiego desde el año 97 al ritmo de *Mueve tu cucu, mueve tu cucu, mueve tu cucu.* Cuánta sabiduría en esta canción, y yo menospreciándola.

Y así es como decidí apuntarme al gimnasio por primera vez en mi vida.

Bueno bueno bueno..., ¡me pasó de todo! Bridget Jones a mi lado era Vikika Fitness.[1]

Como buena valenciana, decidí hacerme una ruta, pero no la del Bakalao (sabes la canción que se me ha venido a la mente, pero no lo voy a decir, esta síííííííí, esta noooooooo), sino la de los gimnasios de mi barrio. Hay cinco y era la única manera para poder decidir cuál iba a ser el «privilegiado» de contar con mi presencia. Así que me tiré una semana entrenando por la patilla entre unos y otros, aprovechando las pruebas diarias gratuitas.

A ver, entrenando son palabras mayores, estaba una hora, de la cual media era con el instructor que me enseñaba las instalaciones y me explicaba las ofertas, y la otra media probando alguna máquina. ¡Como si yo supiera utilizarlas!

Sinceramente, al final me decidí por el que vi más limpito, y tenía mejor ventilación, porque en el resto había un *pestucio* a humanidad... La agüita corría poco por las espaldas de los allí presentes.

Todo el mundo sabe que para ir al *gym* hay que tener ropa adecuada para ello, y cualquier ocasión es buena para irse de compras y dejar que el consumismo invada tu ser.

1 Verónica Costa, conocida en las redes como Vikika, es una *influencer fitness* española.

Así que me fui al Decathlon a hacerme con unas buenas *malluquis* bien ajustadas, con sus correspondientes *tops* haciendo juego. El espíritu de Eva Nasarre corría por mis venas.

Allí me planté y en el gym me colé, pero sin Coca-Cola para todos y nada de comer. Me estaba esperando un entrenador personal para hacer una entrevista en la que íbamos a hablar de mis objetivos, cómo conseguirlos y posteriormente hacer la tabla de ejercicios que tendría que repetir cual hámster en su ruedecita.

Me sentó en una mesa y empezamos nuestro «diálogo de besugos»:

—Bueno, Diana, cuéntame un poco, ¿cuál es tu meta?

—Estar sana.

—¿En qué sentido?

—Pues necesito perder peso por mi *espardita*, que está en plañidera modo ON, poder subir las escaleras de cuatro pisos sin necesitar una bombona de oxígeno al llegar al segundo y estar más de cinco horas de pie sin que mis rodillas tengan que llamar al 112.

—Vale, entonces, pérdida de peso. Y algo de definición, ¿no?

—¡JA, JA, JA, JA, JA, JA! ¿Definición de qué?

—De la musculatura, abdominales, etcétera.

—Pero ¿qué voy a definir, alma de cántaro?

—Hay que ponerse metas.

—Bueno, empecemos con la meta de poder atarme los cordones de las zapatillas de manera autónoma.

El hombre estaba atónito y aguantándose la risa. Seguramente esperaba una respuesta tipo: «Adelgazar desesperadamente, porque estoy muy gorda y necesito verme bien, mi meta es una talla 38». Y en ningún momento hice alusión a la belleza.

Su cara lo decía todo, a ese entrenador le iba a explotar la cabeza.

¿Cómo se atreve una gorda a venir en mallas y *top*, dejando expuestas todas sus lorzas? ¿Cómo puede reírse de sí misma y pensar solo en su bienestar? ¿Se ha mirado al espejo? ¿No tiene vergüenza ni complejos?

¡*Unexpected* gorda en el *gym* solo por su salud! Siempre hay una primera vez para todo y supongo que lo había «desvirgado» yo.

Cogió papel y boli, nos levantamos y fuimos hacia las máquinas para ponernos manos a la obra.

Él, con más paciencia que el Santo Job, me iba explicando el funcionamiento de cada aparato mientras lo probaba, a la vez que apuntaba las repeticiones y el peso para mi futura rutina.

Yo estaba como una niña pequeña, observando todo y con muchas ganas de aprender.

Cuando terminamos, me insistió fuertemente en que no hiciera nada que no estuviera en el folio que me iba a dar, este ya me veía *de venir*. Que si quería cambiar o modificar algo, tenía que decírselo y él me ayudaría.

Tú lo sabes, él lo sabía y yo también. Todos sabíamos que me iba a convertir en la protagonista de un vídeo recopilatorio de *fails* en el gimnasio.

Como buena motivada, hice caso omiso a sus indicaciones y cuando lo perdí de vista fui hacia un pedazo de máquina que era *to flamas*, superaparatosa: fue amor a primera vista. ¡Era LA MÁQUINA! Servía para hacer dominadas asistidas. ¿Iba a poder sentir lo que es una dominada cual mujer *fitness*? Hacer este ejercicio implica ser capaz de levantar todo el peso de tu cuerpo con los brazos, algo imposible para mí, con 130 kilos y cero bíceps. ¿Ahora entiendes el ansia por subirme a aquella «atracción»?

Antes de subir, hay que seleccionar el peso, se supone que ese es el peso que va a restar a tu cuerpo y te va a permitir ser más ligera para poder hacer la famosa dominada.

El máximo son 100 kilos, *OK*, las cuentas salen, será como si pesara 30 kilos, ¡seguro que puedo!

Pongo la palanca en las pesas hasta los 100 kilos, posiciono las rodillas en el asiento para ello, me subo y se oye un fuerte ¡clac!

Las pesas estaban en lo alto de la máquina y el asiento se había bajado hasta el fondo. «Ahora, lo único que tengo que hacer es sujetarme con las manos a las manivelas y subir y bajar plácidamente...»

¡Claro que sí, campeona! Conseguía levantarme solo hasta la mitad del recorrido que tenían que hacer las pesas, no llegaba a la postura inicial, desde la cual podría bajarme.

Me había quedado ¡atrapada! Si bajaba en esta posición, no tendría tiempo de retirarme y el asiento subiría de golpe, por tanto, me daría en toda la cara. Y ya te digo que no entraba en mis planes quedarme sin piños ese día.

Pero, por otro lado, mi fuerza no era la suficiente para llegar a la posición correcta para bajar.

¿Qué hice? Pedir ayuda a grito *pelao*. «¡Socorroooooooooooo! ¿Algún hombre fuerte puede venir a ayudarme? ¡Hay una gorda en apuros!»

Y en vez de reírse, o pasar de mí, me sorprendió que enseguida viniera un chico a mi rescate.

—¿Qué pasa?

—No puedo bajar.

—¿Por qué?

Y allí me veis, explicándole a mi salvador toda la situación.

Una vez aclarado que mi *body* era *too much* para aquel aparato, preparamos la estrategia.

Él iba a levantar el asiento conmigo encima hasta el punto intermedio para que bajara, y tenía que hacerlo rápido para que él no terminara con una hernia como yo.

Como de los errores se aprende, fue la primera y última vez que puse un pie en una máquina nueva para mí, sin la supervisión de un empleado del gimnasio. Si tú eres la motivada o el motivado del *gym* como yo, te aconsejo que tampoco lo hagas.

Ese día el horóscopo nos predijo que nos enfrentaríamos a un gran reto (¡vaya si lo era!) y que, además, saldríamos ilesos. Por una vez los astros llevaron la razón.

Los días siguientes fueron mucho más tranquilos y sin altercados, y desde entonces tengo mucha constancia en el *gym*, es decir, me lo dejo un mes, vuelvo dos semanas, me lo dejo otro mes, vuelvo otras dos semanas… Y así año tras año hasta el día de hoy. Digamos que soy muy constante en caer y volver a levantarme. No desisto en esta lucha y sé que algún día seré *fitness* de espíritu y conseguiré no solo estar inscrita y pagar la cuota anual, sino ir todas las semanas. ¿Qué se sentirá al amortizar de manera real el dinero invertido en el *gym*?

Que sí, que si lo hiciera mejor ya habría llegado a mi objetivo, pero Roma no se construyó en dos días y Dianina L, sin la X, tampoco. Es realmente complicado para una persona como yo, a la que nunca le ha gustado hacer ejercicio, meterlo en su rutina diaria.

Poniéndome un poco seria, aunque me cueste, tengo que confesarte que el ejercicio físico es vida y lo único que realmente ha hecho que consiga resultados.

Me quedo con los buenos momentos que me ha dado y me sigue dando. Y con la esperanza, ¿qué digo la esperanza?, la certeza de que seré capaz de conseguirlo. Si Bisbal pudo superar sus *looks* de *Fiebre del sábado noche*, yo no voy a ser menos.

6

GRAN HERMANO FAT

6

¿SI TE DIGO QUE NUNCA HE ESTADO EN LA CASA DE GRAN HERMANO PERO QUE HE VIVIDO LA EXPERIENCIA, TE LO CREERÍAS?

Pues sí, es posible, viví un mes de completo aislamiento y sin *asúcar* en mi *body*, así que imagínate lo que pudo pasar o, mejor dicho, lo que no me pasó.

Como te he comentado en el capítulo anterior de mis peripecias en los inicios como mujer *fitness*, estaba a la espera de poder ingresar en una clínica de adelgazamiento. Es más, en varios vídeos de YouTube he hecho alusión a que estuve allí, aunque nunca he contado lo que sucedió durante ese periodo. Ahora sí que sí, después de meses, llegó el día de la ansiada llamada.

Empieza a sonar mi teléfono: *I close my eyes only for a moment and the moment's gone. All my dreams pass before my eyes a curiosity. Dust in the wind. All they are is dust in the wind.*[2] No me estoy poniendo intensita, es la canción que llevo como tono de llamada en el móvil.

Veo que es un número oculto y descuelgo pensando: «A ver qué superoferta de fibra óptica me van a querer endiñar».

2 *Dust in the Wind*, de Kansas (temazo de finales de los 70).

—*Pronto?*

—*Signora De Bernardo?* —Sabe mi apellido, *who are you?*

Efectivamente, era el ansiado momento, me estaban comunicando que en tan solo dos días tenía que hacer el ingreso.

Como siempre, yo solo miraba el lado positivo del asunto: voy a estar un mes sin tener que cocinar (que tampoco es que yo sea una Arguiñano de la vida), me voy a dedicar solo a cuidar mi salud, voy a tener un tratamiento completo con psicólogos, nutricionistas, traumatólogos, entrenadores... Al fin y al cabo, era un hospital, estaba lleno de personal sanitario y me iban a cuidar como a una reina.

Agárrate los machos porque ahora empieza lo bueno.

Tras la euforia de saber que por fin iba a recibir la ayuda que tanto necesitaba, me llega un e-mail de la clínica con unos «pequeños» detalles que nadie te comenta cuando decides meterte en este berenjenal.

En el asunto ponía:

LAS NORMAS.

Y un archivo adjunto con una lista tan larga que ni los tickets del Primark. Me llamaron la atención varias de ellas:

Queda terminantemente prohibida la ropa interior de colores o de materiales sintéticos: solo puedes traer blanca y de algodón. (¿Me quieres decir quién tiene bragas, sujetadores y calcetines blancos de algodón para tirar un mes? Ni que fuera una cárcel, ¿te imaginas? «Diana, ¡culpable por darse atracones nocturnos!» Entré en *panic mode* y me fui corriendo al mercadillo a hacerme con un buen arsenal).

Tus maletas serán exhaustivamente revisadas y cualquier cosa que consideremos inoportuna será requisada. (A ver, ¿qué se considera inoportuno? Tampoco pensaba llevarme un vibrador a un hospital, y menos sabiendo que iba a compartir habitación).

La introducción de alimentos al recinto será motivo de expulsión inmediata. (Estoy yendo para adelgazar, no entraba en mis planes llevarme un chorizo).

Podrás recibir visitas una vez a la semana y, si quieres salir, durante un máximo de dos horas, tendrás que hacer una solicitud con cuatro días de antelación y el médico tendrá que autorizarlo. (*Excuse me?* ¿No voy a poder salir del edificio en un mes en el caso de que por cualquier motivo no me autoricen?).

Pero ¿dónde me iba a meter? Yo me veía con todo el *glamour* a lo Carmen Sevilla en la Clínica Buchinger y en realidad era una especie de Gran Hermano *fat edition*.

En esta zona (de montaña) no hay cobertura, por lo tanto, si necesitas hacer alguna llamada, tienes que traer efectivo para hacerlo desde la cabina que hay para ello. (Esto son palabras mayores, ¿me estás diciendo que no voy a poder utilizar el móvil? Y, atención al detalle, LA cabina, no LAS cabinas. Con la cantidad de pacientes que habría allí iba a tener que hacer más cola que para un concierto de AC/DC).

Cuando se lo conté a mi familia, se partían de la risa; qué fácil es reírse del «mal» ajeno. Un poco de *mardisiones* para ellos con carácter retroactivo.

Conociéndome, ellos sabían que con estas restricciones iba a haber cotilleo del bueno que no se podían perder, pero estando sin móvil ¿cómo iba a poder darles su sesión de Sálvame Diario?

Encontramos la solución rápidamente. Me llevaría mi ordenador portátil, ya que me habían informado de que en la cafetería había wi-fi, y les prometí que todos los días les mandaría un e-mail para tenerles al corriente de lo que estaba sucediendo.

Y así lo hice, para allá que me fui cargada de bragas de algodón blanco, mi pc y mi *tablet.* Iba a pasar muchas horas sin nada que hacer, seguro que el aburrimiento me acecharía (ilusa de mí), así que necesitaba mi fiel amigo de noches en vela, el Candy Crush.

El viaje en coche hasta allí fue *amazing*, con unas vistas espectaculares. Conforme nos acercábamos al destino final, solo se veían grandes montañas verdes, pero verdes verdes como el salvapantallas de Windows (anonadada me hallé). Al fondo, el lago en toda su inmensidad, ¡qué idílico, por favor! El espíritu de Heidi empezó a invadir todo mi ser, no era para menos, estaba en la frontera de Italia con Suiza; allí, aparte de un frío del infierno, hay unos paisajes que quitan el hipo.

Un par de kilómetros antes de llegar, me di cuenta de que mi móvil ya no tenía cobertura y me dije a mí misma: «Bueno, no pasa nada, todo va a salir bien y, además, tienes el correo electrónico para conectar con el exterior». *Relax, take it easyyyyyyyy.*

Diana, ¿cómo sigue la historia? ¿Qué pasó? ¿Me lo vas a contar con todo lujo de detalles?

No, voy a hacer algo mejor. Haciendo honor a uno de los lemas que llevo por bandera, «compartir es vivir», a continuación, vas a leer los e-mails que mandé durante la primera semana, ya sabemos por mi relación con el *gym* que la constancia no es lo mío.

Quiero que vivas conmigo todo tal cual sucedió, como lo hicieron mi familia y amigos. ¿Amigos? ¿No era solo la familia? Sí, amigos, con el paso de los días la cosa se puso tan interesante que a la lista de destinatarios se fue sumando más gente.

En una de sus respuestas, he visto que me dijeron: «¡Madre mía, Diana, esto da para un libro, la realidad supera la ficción!». Que, ironías de la vida, al final así ha sido.

Antes de que vayas a todo el meollo, quiero hacer una advertencia a los que sufren de «ofendinitis».

El contenido de los e-mails no ha sido retocado, hasta los títulos son los mismos que escribí en su día, así que ten en cuenta que puedes encontrar expresiones o pensamientos susceptivos de «ofensa». **Nadie se expresa igual en público que en un ámbito privado y de confianza, donde sabes que te conocen perfectamente y entienden al 100% la intención con la que dices las cosas.**

Esto sucedió hace varios años y todos evolucionamos; al releerlo, yo misma me he dado cuenta de que no estoy de acuerdo con muchas de las cosas que pensaba. Es lo bonito de aprender y mejorar cada día.

Y sin más dilación: las puertas de Gran Hermano se abren para recibir a la *signora* De Bernardo.

DÍA 1.

SOLO TENGO UNOS SEGUNDOS DE COBERTURA E INTERNET

Suena el despertador a las 05.00 h, ¡finalmente ha llegado el día! Rodolfo (mi perro-hijo) me mira y suspira:

—Ais, mamis, cuánto te voy a echar de menos.

Diana:

—¡Y yo a ti, hijito!

Me levanto a tope ultimando los detalles y a las 06.30 h salimos el Churri y yo camino a la «delgadez».

Dos horas de estupendas vistas y risas, llegamos, un frío tremendo... La recepción vacía... y una señora también muy obesa, sola con una maleta, que me miraba buscando conversación. Ucraniana, de unos cincuenta años, me dice que si soy veneta...[3] Le comento mi «origen» español y ya se emociona en plan «entre extranjeras» y me dice que ojalá le toque la habitación conmigo, yo me quedo un poco como: «¿Eh?, ¿me acabas de conocer y ya me dices eso?». Mientras pensaba en mis sonidos corporales varios y cuánto se iba a arrepentir la señora de haber deseado estar conmigo.

Llega la encargada de los ingresos a la clínica, con modales muy rudos y cara de chunga; el Churri me comenta: *«Questa è*

3 Gentilicio de los habitantes de la región de Véneto (Italia), que tienen un acento similar al de los españoles cuando hablan en italiano.

cativa di brutto»,[4] y con un poco de miedito, pero manteniendo la sonrisa firme le dedico mi mejor *buongiorno.* Emilia (porque ya no es la empleada, ahora somos amigas) me pregunta mis datos y en cuanto se da cuenta de que soy «la española» es toda amable y estupenda, lo de siempre..., preguntando de dónde eres y qué haces aquí, contándome sus vacaciones en España...; mientras tanto, el Churri con *poker face*... La amabilidad ha sido tanta que mi amiga Emi (ya no es Emilia, ahora somos íntimas) ha salido de su puesto de trabajo (como una jaula de cristal) para acompañarme hasta el ascensor, mientras a su compañera casi le falta escupir a la ucraniana...

Vamos con las tres maletas a planta para que me asignen «la suite», nos recibe un enfermero, Francesco, a la espera estaban dos personas más para ingresar y las veteranas obesas que iban de un lado a otro de la planta observándome como si de un monito de feria se tratase... Respiro profundo y me recuerdo a mí misma que tengo que estar un mes aquí y que tengo que hacer «amistad» con todo el mundo para que me vaya bien. De nuevo sonrisa firme con Francesco, me requisa las medicinas que traigo (Nolotil, Tepazepan, ibuprofeno, Secrepat... que, bueno, el Secrepat, un antiácido, aquí no me va a hacer falta...), me hace un cuestionario, y escapo con el Churri al bar a por un café, y mientras esperamos siento que me observan, me doy la vuelta y veo a tres mujeres admirándome. Y

4 Traducción *by* Diana: «Qué cara de malaje».

me dicen: «Perdona, estábamos comentando qué bonito es tu pelo». El Churri de nuevo *poker face*, jajaja, y comenta: «¿Qué le pasa a la peña? Yo si veo algo que me gusta, ¡no paro a la gente y se lo digo», jajaja. Regresamos con Franci, me pasa a una sala, me pesa, mide, toma la tensión, toma las medidas de mis curvas, me hace un electrocardiograma y mientras tanto os podéis imaginar lo que hacía, ¿no? Contarme sus vacaciones en España, las veces que ha estado en Valencia... Muy simpático nuestro Franci.

Entra la doctora, otra que el Churri al verla antes en la sala de espera me había dicho: *«Questa è cativa di brutto»,* se pone a auscultarme, me da la vuelta para hacerlo por la espalda y al retirarme el pelo me dice: «*Ma che bei capelli che hai! Sono veramente belli!, naturali? O ti fai la tinta?*».[5] En fin, ¿qué deciros? También ella ha estado en Benidorm...

Por fin voy a la habitación, la última del pasillo... La comparto con tres señoras, Graziella, una anciana de entrañable apariencia que cojea y va con sandalias a siete grados porque considera que tiene que lucir su pedicura, era una de las personas que estaba en la sala de espera y me comenta que mientras Francesco me hacía «el completo» ha hablado con el Churri y le ha dicho: «¡Ojalá me toque con alguien alegre en la habitación!». Y el Churri: «¡Mi novia es estupenda!».

5 ¡Qué pelo tan bonito tienes! ¡Es precioso!, ¿es natural?, ¿o te tiñes?

¡Españolita, olé! Y ¡zas! Ahora son las 16.00 h y solo seis horas después ya le he abierto la bolsita de aceite y el queso en la comida, ayudado con el móvil y paseado de mi brazo por toda la clínica... ¡Es que sabéis que las abuelitas son mi debilidad! En un momento de intimidad (sí, intimidad, esto es igual que Gran Hermano, todo se magnifica y las horas son meses 😉) me confiesa que es epiléptica y me pide que si se cae al suelo en un ataque que por favor llame a un enfermero... Yo le he dicho que faltaría más, pero ¿qué esperaba que hiciera? ¿Que me pusiera a cantar y luego bailara sobre su tumba una sevillana? En fin..., pasemos a Flavia, ¡gran personaje! ¡Mi mejor amiga ya! Cuarenta y muchos con obesidad muy *heavy* (jajaja, ¡qué bueno, *heavy*!, el humor...), en cuanto entra en la habitación y me ve se le iluminan los ojitos y me dice: «¡Lo sabía! ¡Lo he pedido!». Yo para mis adentros pienso: «¿El qué ha pedido y a quién?» Pero, bueno..., no le doy más importancia... y empieza a decirme que soy guapísima, que tengo un tipazo, que por qué estoy aquí con ellas, que soy una fotomodelo, que tengo una sonrisa y un pelo preciosos... Bueno, y cada dos palabras me interrumpía para decirme: «Es que me encanta tu acento, y ¡eres tan guapa que me encanta mirarte!» Aunque tengo que decir que resulta un poco inquietante 😉 y mientras mi mejor amiga planea cómo hacerme un altar, entra Antonella, cincuenta y pocos del sur profundo, me mira raro y me hace un cuestionario, esta vez no de la clínica, solo para saber mi vida, al que contesto con una sonrisa, y Flavia vuelve a interrumpir con un: «¡Antonella, te lo dije», ahora la *poker face* es la mía... Así que Flavia me explica... : «Las que te mirábamos como a un monito éramos nosotras y le he pedido a Dios que te pusiera con nosotras, en nuestra habitación, eres tan guapa y tan simpática» (qué bueno que dé esa impresión y no se note la Diana chunga que saldrá con la falta de azúcar a simple vista, jajaja)... «Y lo sabía, aquí estás, Dios te ha enviado para alegrarnos y ayudarnos»... Otro momento inquietante en el que no sabía qué decir, jajaja.

Entre fotos de familiares e historias de gordas llega la comida, pero, un momento, ¡son las 12.00 h! Comemos las cuatro en una mesa que tenemos en el centro de la habitación, buen menú el de hoy, la mía la dieta de 1400 calorías, por el momento, hasta que me hagan todos los análisis.

Macarrones con atún, salmón fresco nativo de noruega y judías verdes al vapor, dos panecillos integrales, dos kiwis y 10 g de queso, ¡la verdad que me he puesto fina! Luego nos hemos ido las 4 fantásticas al bar a por un café y allí las dos veteranas nos han ilustrado... Resulta que «la jefa» (una señora mayor un pelín menos obesa que nosotras, este dato es importante porque aquí, no me preguntéis por qué, hay más discriminación que en el colegio) estaba antes en nuestra habitación y se ha hecho un grupo de obesas con discapacidad mental a las que manipular... (la verdad es que la tía parece Cruella de Vil) y ella también me había visto y me quería «en su grupo» y se ha cabreado porque me han puesto en su lugar...

Flavia, diciendo: «Que le den y que se chinche. Estás en nuestra habitación y a ella le da envidia que no está contigo» (porque por lo que parece aquí, si eres menos obesa, eres como alguien a seguir, no sé..., es raro raro..., una mezcla entre Gran Hermano y una secta), daos cuenta de que yo no llevaba ni cuatro horas ¡y estaba flipando! Las señoras peor que adolescentes, con grupitos y rencores, jajaja. Antonella, al mejor estilo Al Capone, me ha dicho: «Vamos a saludar y les restregamos que estás en nuestra habitación, dime cómo se dice "cómo estás" en español, que lo decimos todas, en plan "aprendemos español y todo"».

Así que ¡ahí que vamos las gordas *spanish king*! Y las del otro grupo me ven pasar y ya levantándose, saludando *fliping in the morning*, jajaja. Me estoy divirtiendo lo que no está escrito. Es surrealista, y ya diciéndome dónde estaba su habitación por si me quería pasar más tarde, jajaja.

Terminamos el encuentro y las veteranas nos enseñan un «escondite» donde el teléfono pilla un poco de cobertura y la terraza desde donde se ve el lago Maggiore. ¡La verdad que es una pasada! Les enseño a hacernos selfis y luego me doy una vuelta con Graziella, la anciana entrañable, cogida de mi brazo cojeando, pero con ganas de marujear a todas las gordas. Pasamos por delante de la recepción y mi amiga Emi me dice:

«Cuando termines con Graziella vente para acá y hablamos»..., así que la dejo en la habitación y vuelvo a ver qué quería... ¡Adivinad! ¡Hablar un rato en español y contarnos un poco nuestras vidas! ¡Estoy saturada de tanto amor y admiración! ¡Qué maravilla!

Después de una mañana tan intensa me voy al bar a por un té desteinado y sin edulcorar para empezar a escribir las presentes líneas que termino a las 18.00 h, ¡la hora de la cena! ¡Sí! Estoy en la habitación oyendo las ruedas del carrito de la comida, mmmmmm, mañana finiquito que vamos a cenar, ¡yuhuuuuu!

DÍA 2.

LLOROS, PINTALABIOS Y EL MERCADO NEGRO

La cena de ayer fue tan ínfima que no sé si merece la pena dedicarle unas líneas... Lo más «interesante», por desgracia, fue la conversación.

Mientras nos dábamos un «atracón» de zanahoria cruda, Flavia, la que cree que me ha enviado Dios, entra en el tema maridos, relaciones, etc., y nos cuenta que ella muchas veces, incluso a día de hoy, tiene que hacerlo con su marido aunque ella no quiera. A lo que Antonella comenta que es normal entre matrimonios de gente del sur, es su cultura. Mi *poker face* brutal... Graziella, la «anciana» encantadora, y entrecomillo anciana porque hoy nos ha dicho que tiene sesenta y ocho años. ¡Qué barbaridad!, *pobreta!* Creímos que tenía ochenta por lo menos, dice: «Pues eso es intolerable, yo con mi marido solo cuando queremos los dos, faltaría más, Diana, no hagas caso, no es cultura, eso es un maltrato». A lo que miro a Flavia y le pregunto: «¿Pero esto tú lo has contado? ¿Has hablado con tus amigas? ¿Qué te dicen?». A lo que rompe a llorar y entre sollozos me responde que nunca ha tenido amigas y que nunca ha trabajado, ni salido de casa sola, esta es su primera vez, y que si ella se niega, su marido (de 2 metros y unos 150 kg) le pega. Imaginaos mi reacción... Intentando primero consolarla, y luego hacerle ver que ella vale mucho y no tiene que aceptar eso, ¡por favor! Le di mil argumentos a los que me daba la razón, pero después de años de maltrato y anularla es prácticamente imposible recuperarla, menos mal que esto está lleno de psicólogos... Ella no lo dejará jamás, cree que no vale nada y que si se quedara sola moriría de hambre, ¡qué pensarían sus hijos y su familia si dejara a su marido!

No voy a entrar en más profundidades porque la historia que nos contó tiene detalles más escabrosos aún y el objetivo de este «diario» es divertirnos todos, pero no podía no contaros este episodio para que, seguramente, entendáis situaciones futuras.

Pasemos a **¡LA NOCHE TOLEDANA!** Son las 23.00 h, siguen en pie hablando, yo ya intentando dormir. Por una parte, Antonella y Flavia comentando cosas de gordas, tiendas de tallas grandes, tobillos *to the limit*, que no llegamos ni a ponernos los calcetines, etc. Mientras, mi querida Graziella ¡empieza a llorar! ¡Oh, *mamma mia*! Me levanto a ver qué le pasa, tiene un poco de ansiedad y como le habían dado medicamentos genéricos y no los que ella usa normalmente estaba asustada, porque decía que no le hacían el mismo efecto y tenía miedo. Y allí me tenéis hasta las 00.00 h explicándole lo que era un genérico y cogiéndola de la manita hasta que se durmió.

Me meto en mi cama y finalmente ¡sííííí! ¡A dormir! ¡Eso creía! ¡Vaya tela con la peña! Roncan las tres, menudo concierto, parecía un matadero... Al final consigo «dormirme», porque cada dos por tres alguna se levantaba y hablaba... Sí, sí hablaba, si una se levanta con calor, a las 03.00 h, comenta: «¡Ay, qué calor! ¡Voy al baño!». Como si a esa hora nos importara. En fin... Pero lo hicieron las tres. Tienen tantas ganas de hablar y comunicar que es superior a sus fuerzas.

05.00 h. Vienen a sacarme sangre y a recoger las muestras de orina, ya me quedo levantada y despierto a todas. ¡JA, JA, JA, JA! Sí, la venganza, empiezo a hablar y a contar que me han sacado sangre... Y lo fuerte viene ahora, se despiertan las tres superinteresadas, encienden la luz y que ¡les cuente!, jajaja, ¡ellas encantadas!

A Antonella (que está aquí desde el miércoles, hace cuatro días) le huelen los pies peor que a mí en la adolescencia, y pensé: «Pobre, si no se puede agachar a lavarse bien...», pero esta mañana, como hasta las 08.30 h no desayunábamos, digo: «Bueno, me ducho, pelos, encremo...» y le pregunto: «¿La ducha cómo va?», y me dice: «¡No lo sé! ¡Aún no me he duchado!». ¡AHHHHHHHHHHHHHHHHHH! Menos mal que las otras dos sí que son muy limpitas, y entre ellas y los litros de perfume que nos ponemos conseguimos mitigar la peste a pies de Antonella. De hecho, a Graziella («anciana» del norte) ya le está cayendo mal Antonella y pone caras cada vez que habla y le pega cortes.

Me pongo a hacerme los pelos y mi «anciana», con su mejor cara de pena, me dice: «Cuando termines, si no te importa hacerme algo, visto que tienes la planchita y eres muy *brava*», y yo: «¡Claro!». Y me suelta: «Luego el pintauñas y me ayudas a pintarme los labios (tiene los pulgares como al revés por una enfermedad que no he entendido muy bien) que no puedo sostener la barra». ¡La tía! Un pintalabios rojo divino. Todo porque quería pasar a saludar a un médico que la atendió el año pasado y quería estar bella, ¡tremenda!

Seguimos esperando el desayuno... Lío a Flavia para ir a subir y bajar escaleras en ayunas hasta las 08.30 h que oímos el runrún del carrito y corremos cual obesas al olor de la *pizza,* pero esta vez obesas por un mísero café. Menudo bajón, yo con un dolor de cabeza tremendo y deseando hablar con la nutricionista, que obviamente ya no es la nutricionista, es mi amiga Renata, también una frecuentadora máxima de Benidorm. Me da una charla muy productiva, la verdad, de proteínas, hidratos, azúcares, etc., me dice que me harán un examen con una máquina que mide cuántas calorías necesita tu cuerpo para vivir y darme la dieta más justa. Pero viéndome me ha aumentado el desayuno y me ha incluido ¡un yogur y una fruta! Y para la comida y la cena me darán doble ración de proteínas. Y me ha dicho que esta semana no haga nada de ejercicio por mi cuenta, que me dará más hambre, porque me dan las calorías que estiman que quemo estando sentada, que disfrute y me relaje, que ya el resto del mes haré de todo.

Y, bueno, nos hemos enrollado tanto a hablar que ha terminado diciéndome: «Mira, en tu planta no lo hacemos, pero yo con el ordenador puedo modificar tu menú y que elijas de las tres cosas que hacen en el día la que más te guste para que comas más a gusto», y ¡me lo ha hecho! ¡Qué bueno! ¡No más zanahorias crudas! Me ha dicho dónde suele estar ella y que cualquier cosa que vaya y se lo pida sin problemas. Así que, como siempre, positivo todo y encantadora la doctora.

Vuelvo triunfante a mi planta con mi papelito que indica que me tienen que variar las comidas y me cruzo con mi amiga Giulia, no os he hablado de ella, pero ¡es la más amada de toda la clínica! Es la señora que pasa con el carrito de la comida, jajaja, que le hago unas fiestas cada vez que entra con la bandeja y dice: «¿De Bernardo?» Y la tía se mea de la risa porque me levanto y «le bailo flamenco» y recojo siempre mi bandeja y la llevo fuera y se la dejo en el carrito. A la de la comida hay que tenerla siempre contenta 😉 . Me ve toda feliz y me pregunta, le doy el papelito de la nutricionista. «Dame que tomo nota para que esta noche ya te demos más proteínas en la cena.» ¡Yujuuuuuuuuuuuuuuu! ¡Amamos a Giulia!

Bueno, se me ha olvidado que antes de entrar a la nutri, he salido al patio a buscar cobertura y he pillado a una señora con un *tipet* sospechoso dándole dinero a través de la red que delimita nuestro recinto. La foto que os he mandado, ¡muy fuerte! Hay un mercado negro de tarjetas de teléfono TIM (me ha contado Antonella) que son las que tienen buena cobertura (¡nota para vuestras mentes, el primero que venga a verme, por favor, traedme una TIM recargable de esas de plan de 10 € con internet y minutos incluidos! ¡Ah! Y jabón de manos, ¡que no hay!).

12.15 h. ¡Llega la comida!, ¡qué bueno! *Risotto* con calabacín invisible, dos panecillos integrales, la miniporción de quesito rallado y un pedazo de porción de *parmigiana* (como una lasaña de berenjena, tomate y *mozzarella*) y tres mandarinas, ¡tres! ¡Qué emoción! Después de comer, mis compis han ido al bar a por el café, no sin antes mi pobre Graziella pedirme que le retocara el pintalabios y le ayudara con los calcetines. Me da cosica porque la veo apurada incluso para pedir ayuda; tiene que ser muy jodido depender de alguien para algo como eso... y más con «desconocidas», pero bueno, intento siempre quitarle hierro y cantarle algo en español para que se ría. Sé que puede parecer siniestro que me enternezcan tanto los abuelos, pero ya me conocéis... 😉. Hoy les digo que yo de café nada y aprovecho a tope la habitación para mí sola. Me he pegado una siesta brutal de dos horas. Me he despertado a las 16.00 h como una reina y aquí estoy en el bar. Son ya las 17.35 h, voy a ir recogiendo el ordenador que no queda nada para la cena. Y ya mañana con el estómago más lleno os cuento cómo ha ido el domingo, día del Señor. Os adelanto que mañana incluiré una conversación de hoy donde me han contado cotilleos de *guarrerías* españolas que han hecho y hacen en la clínica, ¡muy fuerte! Os doy el titular:

THE BIGGEST OBESITY ORGY

DÍA 3.

UNA LEONA, UN PIMIENTO Y JINCAMIENTOS

Ayer llegó la cena bien puntual, abro mi plato principal y, ¡sí! Un montón de garbanzos con coliflor; mientras mis compañeras me miraban con recelo, ya que a ellas les había tocado 50 g de merluza... Tenía ganas de ir al baño, pero ni me levanté porque tenía miedo de que me robaran la comida. El hambre saca lo peor de las personas... Me sentía como una leona protegiendo a sus cachorros ante las amenazas de otros depredadores, pero en este caso, era yo defendiendo mis garbanzos de otras tres gordas hambrientas. Me los comí sin hacer mucha fiesta, pero os lo digo, ¡me supieron a gloria! Me imaginaba que era el cocido de mi madre, mmmmm, cocidooo, o el de mi hermana, que también está a la altura. ¡Hermana, te quiero!

Después de la cena retoman el tema ***¡THE BIGGEST OBESITY ORGY!***, resulta que aquí mis amigas marujas me cuentan que han echado a varias personas por jincar/garchar/follar (¡qué bueno es ser políglota!) en sitios varios. Pero pacientes con pacientes y ni se os pasa por la mente dónde lo hacen... ¡En la capilla! Han pillado ya a varios y las de la limpieza recogen los condones. La gente va a la capilla a follar y luego a confesarse, ¿qué os parece? También contaban que a una no la dejaron ni ingresar porque se le cayó el bolso y lo llevaba lleno de condones, y que tienen a varias caladas que se insinúan en el bar y en las zonas de fumar a otros pacientes y por 5 € te hacen una paja y por 20 € el completo. La verdad es que la historia me vino genial para quitarme el hambre.

Y sin perder el argumento, Flavia comenta que tiene el chumi que le escuece, un poco rojo..., y le digo: «Tranquila que a mí también se me ha escocido, es el papel higiénico que es papel de lija» con deciros que lo uso para secarme las manos y ni empapa; es como un folio, así que la petición de hoy es: el primero que venga a verme, por favor, ¡papel higiénico divino! (A este paso nadie vendrá..., jajaja).

Esta noche ya estaban más cansaditas las festeras y he conseguido dormir mejor, aunque a las 05.00 h han venido a tomarnos la tensión, y digo yo, vamos a ver, me despiertas del tirón mientras dormía profundamente y, claro, me sale un poco alta, ¡no te fastidia! Así que lo mismo de ayer por la mañana: ducha, pelos, cremas, etcétera.

Hoy era día de visitas, ha venido la familia de Flavia, que no os he comentado que es alérgica a casi todo, la más jodida de todas sus alergias es al níquel, ya que tantas cosas lo contienen, como maquillaje, muchos alimentos, perfumes, ¡hasta una manzana! Le he hecho los pelos y estaba toda emocionada porque venían sus hijas con su marido y la verían toda bella. Se ha hecho hasta fotos para pedirle a la peluquera que se lo haga así. Mientras ella estaba con su visita, Antonella, que ha discutido por una chorrada esta mañana con Flavia, se ha ido al mercadillo (cuatro puestos matados) que montan aquí en la puerta con cosas para gordos (toallas grandes, ropa XXXXXL, zapatillas de ir por casa XXXL) y yo me disponía a salir a buscar algún segundo de cobertura para mandar WhatsApp, cuando Graziella, a la que también había peinado, pintado y puesto los calcetines, me mira con ojitos tiernos y me dice: «¿Dónde vas?». Le digo si se viene a tomar el sol, y me contesta que no quiere molestar, que a ella le da miedo quedarse sola por si se cae, que si se viene, por favor, que no la deje tirada. Qué lástima, me la he llevado a los banquitos y nos hemos sentado con otras dos ancianas, estas de verdad de ochenta y ochenta y cinco años, y por lo menos ha tomado el sol y ha hablado un poco la mujer. Mientras tanto yo miraba el panorama, cuando he visto a la señora de ayer que le daba dinero al *tipet* con una bolsa que le ha dado hoy el mismo *tipet*. He hecho una foto que no sé cuándo os llegará por WhatsApp.

Miro la hora, 11.45 h, se lo digo a Graziella, que se levanta como alma que lleva el diablo. ¡La comida! Así que nos apresuramos a la habitación, donde ya estaban Flavia y Antonella, que se había comprado una camiseta de leopardo en el mercadillo.

Llega la comida. Todas un pedazo de pollo con pimientos y yo dos pedazos de pollo con brócoli (os acordáis que ayer la dietista me dejó hasta elegir el menú) y pasta con ragú. Y dice Flavia: «Yo tampoco puedo comer pimiento por mis alergias», miro su plato y ¡se lo había comido todo! Había hasta pasado el pan por el plato. Y le digo: «Flavia, dime que estás de broma». A lo que no ha hecho falta ni que contestara, ya que se ha empezado a hinchar como una pelota, roja, violeta, con una erupción en la boca que parecía Yola Berrocal, madre mía. Corriendo llamamos a la enfermera, que a su vez llama al médico de guardia, la encaman, le pinchan cortisona a tope y le dejan un gotero puesto. Cuando se medio recupera, le cuenta lo sucedido a la enfermera, que obviamente le dice: «Pero si sabes que eres alérgica, ¿para qué te lo comes? Porque en la cocina se pueden equivocar, como en este caso, pero tú eres adulta para hablar y decir: "Perdón, cambiadme el plato que esto no puedo..."». A lo que Flavia contesta: «Es que tenía mucha hambre y no quería molestar»... No sé si reír o llorar...

Nos acostamos un rato para echar la siesta y la peste de los pies de Antonella, que hace seis días que no se ducha, es cada vez más intensa. Así que cojo y digo oliendo mis zapatillas: «Aquí hay peste a pies y no soy yo, chicas, ¿quién es?». Yo toda disimulada, y dice Antonella: «Soy yo, no sé por qué me huelen las zapatillas». ¡Jajaja, será mugres! Y Graziella, que ya no la soporta, le dice: «Pues sácalas fuera, en la ventana, porque aquí no se puede ni estarr». Jajaja, me mata de la risa mi «anciana». Así que por lo menos las zapatillas, que también apestan, están fuera, los pies por el momento no se los podemos cortar...

Nos despertamos, Antonella sale a fumar y Graziella va a las enfermeras a por una medicina, así que me quedo sola con Flavia en la habitación. Esta se incorpora, abre su armario y la veo que saca a escondidas algo que le habían traído sus familiares mientras me dice: «Toma, esto es para ti, que te portas muy bien y encima me has peinado, favor por favor... No se lo digas a nadie», ¡de película! Y me saca ¡un rollo de papel higiénico del exterior! ¡Jajaja, que me meo! Qué buena es. Es realmente una cárcel/Gran Hermano, no me cansaré de repetirlo, ha sido un momentazo, tendré que ver quién tiene jabón de manos para hacerle el pelo y hacer cambio... 😉

Escondo mi preciado rollo y pillo el ordenador para venirme al bar a escribiros estos «versos». Me para la enfermera y me da los deberes para mañana, que tendré que estar en ayunas hasta las 10.00 h, ¡desde las 18.00 h que ceno hoy! ¡Qué tortura! Pero me ha dicho que el desayuno me lo guardan ellas, no me lo dejan en la habitación porque si no me lo roban. Mañana me toca el examen de la masa grasa, luego lo del casco que te ponen para saber cuántas calorías consume tu cuerpo para sobrevivir y así ajustarme la dieta. Después, corro a por mi desayuno. A las 10.30 h tengo cita con el psicólogo para contarle mi relación con la comida...

Como ayer, me han dado ya las 17.35 h, voy recogiendo y a ver qué me depara la cena.

Mañana más y mejor.

¡Os quiero, chusma!

DÍA 4.

UNA ALARMA, EL KARMA Y UN ELEFANTE

De nuevo, ayer me esperaba una cena estupenda, una hamburguesa y media de soja, un tomate, *risotto*, dos kiwis y mis dos panecillos integrales, mientras que a Flavia, la del pimiento, le vuelven a traer comida con níquel, y con lo calmada que es, se levanta y se pone a gritarle a la pobre enfermera, que no puede ser que le tienen que traer ya su comida sin níquel, que qué mierda les pasa, si la quieren matar... Menudo *show*... Yo mientras tanto empecé a morder todo lo mío por si me decían de cambiarle algo, la supervivencia... Es que ella tenía cebolla con una hamburguesa de ternera, ambas hervidas, ¡qué asquete! Cada vez tengo más claro que en cuanto salga de aquí me hago vegana 100 %. Al final le trajeron un bocadillo de jamón cocido porque en cocina no tenían nada más sin níquel..., un desastre..., y siendo domingo y festivo, hasta mañana no vendría el camión con la comida de la semana, estaban en las últimas.

Después de cenar, Antonella, que ahora es odiada por Graziella y Flavia, sale a fumar como siempre, pero esta vez lo hace por la puerta de emergencia que está pegada a nuestra habitación y para poder volver a entrar la deja entreabierta, por lo que nos entró todo el humo en la habitación, por no hablar de la rasca... Así que me levanté y cerré la puerta de nuestra habitación (por lo menos el olor se queda en el pasillo), que teníamos que dormir ahí, ¡joer! *Va bene tutto*... Le pasamos de todo porque es maleducada a más no poder, eructa y se tira pedos en nuestras caras, ni siquiera se gira, no se ducha, le apestan los pies y ya lo que no son los pies, come haciendo ruidito con la boca abierta... En fin, una perlita. Pero aun con todo, como hay que convivir, no nos quejamos, cada uno es como es, y bueno, pero no puede pretender que seamos íntimas *forever*, cuando lo único que hace es molestar, no para de hablar y repite lo mismo como diez veces en una hora. Ya estamos casi convencidas de que algo no está bien en esa cabecita, se monta unas películas... Y para que yo diga esto, que soy la *drama queen* mayor, imaginaos...

Cuando vuelve, pregunta que quién ha cerrado la puerta, le digo que yo porque estaba entrando todo el frío y el humo y tenemos que dormir ahí, a lo que responde: «Pero no solo yo fumo», y le digo: «Y te he dicho algo de que no lo hagas o que es tu culpa?, no me quejo, no te diré nunca qué tienes que hacer, solamente he cerrado la puerta porque entraba humo, punto». Problema humo, solución cerrar la puerta, muy simple el concepto, ¿no? Pues veréis la que se ha liado...

Son ya las 22.00 h y están con la tele puesta, enganchadas a *El Secreto de Puente Viejo*, y como aquí hay poco que hacer, pues digo, no voy a ser la tocahuevos de turno; me voy a las enfermeras a que me den unos tapones y duermo tan a gusto, y de paso no oigo ni sus ronquidos, ni pedos ni sus comentarios, porque obviamente Antonella no puede ver la tele callada, comenta cada segundo. Así que me levanto y voy a por mis tapones, vuelvo, me los pongo y me acuesto. Fijaos cómo es el subconsciente, porque con los tapones algo se oye, aunque no con claridad, y soñé que mandaba a la mierda a Antonella.

Esta mañana me despiertan a las 05.30 h para pesarme (¡he perdido 2,4 kg!) y a Graziella también y en cuanto me levanto de la cama, aún medio zombi, salta Antonella como si tuviera un muelle en el culo y empieza a increparme que si yo había ido a la enfermera a decirle que pusiera la alarma para que no saliera a fumar. Bueno, bueno... Yo no entendía nada, no sabía ni que por la noche ponían una alarma, y le digo: «Antonella, ¿qué *cullons* me estás contando que me acabo de levantar?», y me dice: «¡Síííííí! Cuando anoche saliste de la habitación sin decir a dónde ibas, como te molestó el humo, has hecho que enciendan la alarma antes para que no pueda salir». Le digo: «¡Vamos a ver, capulla! (Es que ya me tiene calentita y la restricción de azúcares saca lo peor de mí). La última vez que me acusas de ninguna de tus mierdas de locuras, no tengo que darte a ti cuentas de dónde voy cuando salgo de la habitación, pero ahora lo voy a hacer porque me has tocado la moral y de buena mañana y en ayunas». Cojo los tapones y le digo: «¿Ves esto? Fui a por ellos para dejaros ver tranquilamente la tele y no causaros molestia y me levanto a las 05.30 h contigo gritándome. ¿Pero se te ha ido la cabeza?, ¡tranquilízate un rato! Que a mí que tú fumes, o no, me importa tres pepinos, estamos en un hospital, no en *El Secreto de Puente Viejo*». Y habiéndome quedado más a gusto que un arbusto, me voy a pesarme. De camino a la báscula, con Graziella de mi brazo por el pasillo, me dice: «No soporto más a Antonella, tú no la has oído por los tapones, pero ha estado toda la noche intentando despertarte, hablando alto, diciendo que tú habías ido a la enfermera por lo de la alarma»... Vaya tela..., por eso soñaba que la mandaba a la mierda...

Cuando vuelvo de pesarme, Antonella estaba esperándonos despierta, obviamente para saber cuánto habíamos perdido y para pedirme disculpas, que no lo había hecho con mala intención, le dije sí sí, sin discutir, porque vemos que no está muy cuerda y dejémoslo pasar. Estamos deseando que se la lleven ya a su especialidad y que por favor no coincida con ninguna de nosotras, porque os lo digo ya que un mes así no aguanto. Además, aquí hay que seguir las normas que imponen sí o sí, y ella rompe casi todas..., basta que alguien se vaya de la lengua para que la echen.

Por otro lado, Graziella comenta esta mañana que tiene los pies helados, porque los calcetines que lleva son de esos de media fina y se ha olvidado los gorditos. Como precisamente los calcetines que me compré para venir no tienen elástico y tengo diez pares nuevos, le digo: «Te doy un par si te están bien», y la mujer se me pone a llorar. ¡Joer! ¡Oh, madre mía! ¡Otra vez! Y yo: «Graziella, pero ¿qué le pasa ahora?», a lo que me contesta: «Es que siempre te estoy molestando, me acompañas a todos lados, me arreglas, me recoges las cosas, me abres el queso y el aceite (no puede con sus pulgares al revés), me rellenas el agua y ahora me das unos calcetines. Yo quiero pagarte algo porque ocupo tu tiempo y no tienes por qué hacerlo». Ayyyyyyyyy, ¡que me hace emocionar a mí y todo! Y me dice que ella está en un periodo con mucha ansiedad, que se siente muy sola y muy enferma y que le da mucho reparo tener que depender de alguien para determinadas cosas; que me está cogiendo mucho cariño y que sabe que seguramente nos separarán y que a saber quién le tocará... Cuestión: le doy una de mis charlas de subidón de moral a tope y terminamos abrazándonos y llorando las dos... Aisssss... Es que me tiene que bajar la regla dentro de poco y estoy de un sensible...

Cómo no, llega Antonella a romper el momento, ¿sabéis lo que dice? «Oye, Diana, si no le están bien los calcetines dámelos a mí.» Mi respuesta con cara de qué me estás contando: «No regalo calcetines, no me sobran, pero si alguien tiene una NECESIDAD como Graziella le cedo un par». Y me dice: «¡Ah!, pensé que no los querías». Bueno, Flavia flipando, en cuanto nos hemos quedado a solas me dice: «Qué fuerte cuando te ha pedido los calcetines, menuda cara, yo espero que se la lleven lejos y no nos la volvamos a cruzar». Así que estamos por ir a la capilla (si podemos, entre condón y condón) para pedir que se la lleven y podamos estar tranquilas.

Me voy a hacerme las pruebas médicas, madre mía, qué claustrofobia el aparato de las calorías, veinte minutos encerrada en una escafandra de plástico llena de tubos, sin poder menearme; la otra de la masa grasa era solo unas ventosas y una placa en el pie derecho. Que cuando me he quitado el calcetín me dice la enfermera: «¡Qué pie más arreglado!» (Lo llevo solo limpio con las uñas cortas y pintadas, no os penséis que me he hecho la pedicura) y le digo: «Bueno, normal, limpio, jejeje», y me suelta: «He tenido que echar al señor que ha entrado antes por la peste y los restos de objetos no identificados que tenía pegados en el pie». Ahí dejo que vuestra imaginación vuele.

Comemos, hoy no me echo siesta porque a las 13.30 h tenía que ir al psicólogo, que al final ha resultado ser un test de dos horas. Después de esto ya otro día será el psicólogo *face to face*. De camino al test dejo a Graziella en el bar (sabéis su miedo de ir sola por si se cae o le pasa algo) y me dice: «Te espero aquí tardes lo que tardes, ven luego a recogerme para volver a la habitación». Llego sobre las 15.40 h y me la veo toda feliz con un grupito de señores charrando y me ve y me abraza y se me pone a llorar ¡otra vez! Y yo: «¡Ayyyyyyyyyy! Graziella, ¿otra vez? Cálmese, que le va a dar algo al final tanto llorar», sonriendo, para quitarle un poco de hierro al tema, y entre llantos les dice a los señores presentes: «Esta es Diana, el ángel que me ha mandado Dios» (y dale con que soy una enviada de Dios). A mí me abandonó aquí el Churri. *Ti amo,* Churri. Y me saca la mujer un elefantito con unos brillantes (hay que decir que me ha calado con el brillanteo) que me había comprado en el «quiosco/droguería» que improvisan al mediodía en la habitación donde estoy ahora con el ordenador. Y me dice: «Para que te traiga mucha suerte como la que he tenido yo al conocerte»... Y, bueno, de nuevo abrazadas llorando como dos chiquillas. Al final sí que va a ser esto un poco *El Secreto de Puente Viejo...*

Llama a su marido y de nuevo entre lágrimas le cuenta lo bien que está cuidada y le dice que me guarde un *salame* (el marido los hace caseros, tienen un matadero), que aunque no me lo quiera comer se lo damos a alguien, al Churri, el mismo que me abandonó a mi suerte entre un montón de señoras hambrientas y señores que me miran como si fuera un donut de chocolate cada vez que paso por delante.

He cogido el pc y me he bajado al bar para calmar vuestras ansias de «puente viejo» 😉.

¡Un besazo a todos! Mi móvil sigue creyendo que está en Suiza, por si veis que ni os llegan ni recibo WhatsApp.

DÍA 5.

GORDOS ANÓNIMOS, MÁS LLANTOS Y UNA DUCHA

Entro a la habitación para cenar después de haber estado escribiendo el día 4 y me encuentro a Graziella llorando a pedazos y Flavia consolándola, diciendo: «Ahora vendrá, tranquila»... Y se me tira a abrazarme y yo de nuevo: «O*h my god!* ¿Qué ha pasado ahora, Graziella?». Me cuenta que mientras yo estaba con el ordenador en el bar y ella en la habitación sola, han entrado dos enfermeras que querían bañarla, y ella se negaba porque se puede duchar sola (es verdad que lo puede hacer sola, pero también es verdad que como no lo hace diariamente, pues han pensado que era porque no podía o no está bien de la cabeza y entonces las han mandado a ducharla). Me contaba lo humillada que se ha sentido. Me decía: «Ni mi marido me limpia, ¡yo aún soy autosuficiente para lavarme el chumi!». Jajaja, me río por no llorar, porque ya me tocará a mí, ya... Bueno, a todos nos tocará... Y con esta historia ha estado también todo el día de hoy maldiciendo a las enfermeras y contando a todos los médicos con los que se cruzaba el intento de violación-ducha que sufrió ayer.

Por el resto lo de siempre, Graziella en llantos por cualquier cosa (tiene una depresión mortal), Antonella eructando y tosiendo sin ponerse la mano y Flavia de nuevo montando el *show* porque otra vez le traen el menú con níquel. La verdad es que con Flavia se están pasando ya, si se comiera lo que le dan terminaba todos los días en enfermería pegada a la cortisona.

Ayer pusieron en la tele un programa que se llama *Amores criminales*, que se ve que van mujeres que han sido maltratadas y recrean su historia y van allí a comentar. Antonella insistió en ponerlo... Yo, a las 21.30 h con mis tapones del amor, me dormí súper a gusto.

Esta mañana finalmente no me ha despertado nadie. Yo solita me he levantado a las 07.00 h, fresca como una rosa, me he duchado, encremado, pelos, uñas... Ha pasado el médico a hacer la ronda a las 09.30 h y me ha dicho que pasado mañana ya me trasladan a mi planta, que por desgracia no es ortopedia (una estupenda con dos camas por habitación, todo nuevo). Como no estoy tan a cachos como el resto, que mi problema de espalda es por el peso y no por otras cosas más chungas, me han mandado a la planta de metabólico (la más vieja, con baños chungos y pequeños y cinco en una habitación del mismo tamaño). He ido a hociquear la planta y no os doy detalles de la mugritud porque ahora tendréis que cenar vosotros... Pero, vamos, un panorama nada alentador. Me consuela que tendré todos los días ocupadísimos con las terapias como fisio, psicólogo, gimnasio, clases de nutrición, etc., ¡ah!, ¡y las reuniones de gordos anónimos! ¡Qué bueno! Hoy a las 16.00 h veo a todos en manada juntos caminando rollo hacia una luz/donut de chocolate. Y veo a mi amiga la ucraniana y me dice: «Venga, vamos que la reunión empieza ya»..., y yo: «¿Qué?». Parecía rollo secta, y yo: «Ehhhhh... yo no lo tengo en mis deberes de hoy». Pero resulta que a partir del jueves tendré que ir a las reuniones de gordos anónimos, que son todos en una sala, sentados en círculo, del tipo: «Hola, me llamo Diana, tengo veintisiete años y soy una gorda, me pego atracones de pasta y como a escondidas chocolate y bollos». Y luego se levanta otro y sigue: «Me llamo Davide, tengo cincuenta años y soy un gordo, quisiera comerme a la de los atracones de pasta para no tener ni que digerirla yo mismo»... En fin..., algo así, ya os contaré cuando vaya a ver qué se cuece..., espero que no yo 😉.

Hoy me tocaba solo el psicólogo (aclaración para el Churri, tocaba no de tocar físicamente 😉), y resulta que es un chico majete, jovencito, de unos treinta y cinco; y, adivinad, estudió en la Universidad de Salamanca, sabe español y se acaba de separar de su ex española. Jajaja, y, bueno, con la baba hasta el *floor.* Jajaja, y yo en plan, bueno, pregúntame cosas en plan psicólogo, ¿no? El tío todo el rato: «Y cómo me recuerdas a mi ex, es que hablas y, madre mía, qué acento, qué bella»... (muy flipado). ¡Aquí! ¡Una española aquí! ¡Qué bueno! (Me ha encantado contárselo al Churri todo *jealous* 😉 Te quiero, Churri). Luego le tocaba a Graziella y he ido a recogerla para llevarla a la habitación. Sale con el psicólogo y Graziella dice: «Mira, esta es Diana, la española», y contesta el psicólogo: «Ehhh síííí, es tu ángel de la guarda, y cómo olvidar a De Bernardo»... Jajaja, por favor, controlad que el Churri no esté viniendo a matar a nadie después de leer esto 😉.

Después, sobre las 16.00 h, he intentado ir a mi rincón para escribir (la sala multiusos del bar) el capítulo diario sin éxito, ya que hoy, no sé si os acordáis, está el asesor espiritual. Vamos, el cura que ocupa esta sala, así que por eso os llega un poco tarde.

Ya hemos cenado, sin incidentes esta vez. Me han dado la última vitamina D y mañana tengo de deberes solo la visita con el traumatólogo por la mañana a las 10.30 h. Luego el resto del día, libre como un pajarillo. Si no llueve como hoy, saldré al patio a darme un paseíto.

Bueno, a Graziella la ponen en la misma planta que a mí. ¡Su cara cuando se lo he dicho! Ha ido corriendo a las enfermeras para pedir que nos pongan juntas, qué pobre, ha llamado corriendo a su marido y a su hija para contarles la buena nueva, al menos, con esto no ha llorado. Era como si se hubiera quitado un peso de encima. Y a Antonella a la de ortopedia, así que nos la quitamos de en medio. Flavia está aún en *stand by*, al final no va a neumología, la mandarán o conmigo o con Antonella, donde se quede libre antes una cama.

Hoy no ha pasado mucho más, he pillado cobertura como habréis visto, pero ya se terminó. WhatsApp, nada de nada.

¡*Bona nit* a todos! ¡Besos y abrazos!

DÍA 6.

UN AMOR DE COLEGIO, MAFIA Y REGGAETÓN

Empieza el día y despertamos con el sol mañanero, ¡qué gusto! 07.00 h: ducha, pelos, cremas... y llega el desayuno, todo transcurre sin incidentes. Nos toman la tensión y llega el médico que hace la ronda y nos dice que, como Flavia está aquí desde el miércoles pasado, mi puesto en la planta de metabólico (la más vieja y asquerosa) donde me tenía que ir mañana es para ella. Como yo tengo aún pendiente la cita con el traumatólogo, y que seguramente me mandarán más pruebas, me quedo aquí unos días más, hasta que haya un hueco libre en la planta de nutrición o de recuperación (son plantas medio nuevas igual que donde estoy, así que nada mal).

Me voy a la cita con el traumatólogo, ¡qué sorpresa! Era el mío, ¡el que me mandó aquí! Qué bueno, así que no ha hecho falta que le enseñara los papeles, ya que eran los suyos. Me ha examinado y me ha dicho que, aparte de los ejercicios para la espalda, me manda ultrasonidos, fisioterapia y que me hagan una resonancia magnética porque ve que tengo la ciática demasiado inflamada y se está mosqueando, para ver todo bien y descartar cosas que con la radiografía no se ven.

Voy hacia el bar y me encuentro con Anna, una señora de cincuenta y cuatro años, de Turín, que me la he encontrado en todas las pruebas que me han hecho, y siempre hemos intercambiado alguna broma; muy simpática, con un humor muy parecido al mío, así que me para y me dice: «¿Que vas a caminar? Voy contigo que afuera están otros dos señores que me matan de la risa y nos entretenemos». Así que allá que vamos, con Marco, cincuenta y cinco años, de Génova, no es obeso, está aquí porque han ingresado a su hijo de diecinueve años, que sí que lo es, y ha conseguido una habitación en ortopedia para pasar el mes aquí también; y Rinaldo, cincuenta y ocho años, napolitano, vive en el norte desde hace veinte años. Nos ponemos a caminar al sol, cada uno contando un poco de su vida, bromeando, etc. En esto que llega Marco junior, el hijo de diecinueve años, se me presenta y se une al paseo. Terminamos en una terraza con vistas estupendas al lago, pone música con el móvil y empieza a bailar y a hacer *twerking.* No podíamos dar crédito, le digo: «¿No tienes la canción del taxi?». Y me contesta: «No, pero tengo otras», y se emociona poniéndome canciones de reggaetón. Es un nene encantador.

En esto que aparece Carlo, un supermafioso de cuarenta y cuatro años con coletilla y la nuca rapada de 1,85 m y ¡180 kg! Un pedazo de tío que da bastante miedito, supermafioso de verdad, ya me lo había cruzado por los pasillos, y entre baile y baile me dice: «Vas al gimnasio, ¿verdad? Es que se ve que tienes un cuerpo muy bonito, buenas curvas y muy compacta»... ¡AGRRRRRRRRRRRRRRRRRRRR! Mirad que a todos nos puede gustar en un momento dado un halago, pero me dio un yuyu que me lo dijera él. Más que yuyu era miedito, porque me lo decía mirándome con la boca medio abierta con los últimos piños que le quedan y con una cara de salido…

Comemos, minisiesta y bajo al bar a escribir la presente. No hay internet, así que salgo del cuartillo y me encuentro otra vez con Anna y compañía; salimos a dar otro paseíto y, cuando estamos volviendo para cenar, cada uno por su lado. Marco junior me sigue y cuando me pilla sola, ya yendo a mi planta, me dice: «¿Te puedo invitar a un café o una infusión?». Jajaja, qué tierno el pequeño grandote. Le digo: «No, tenemos que ir a cenar que es tarde, otro día». Después de la cena viene Anna a buscarme a la habitación porque «habíamos», ya me ha incluido 😉, quedado en el bar, con todo el grupo, ¡qué momentazo! Entramos por la puerta y ya la gente estaba sentada, se levantan y nos traen las sillas, nos sentamos como dos reinas y nos presentamos a los «nuevos». Una chica joven de unos veinte años me mira y me dice: «Yo te he visto estos días, te has sentado, aquí, allí y allá, yo te miraba tanto porque eres guapísima, tienes una cara preciosa». Y yo: «Gracias, gracias» (un poco inquietada porque se acordaba de verdad de todos los sitios donde he estado y yo os juro que no le había visto la cara en todos estos días). Nos dan las 20.30 h, el bar está cerrando y ni rastro de internet, así que nos vamos a la terraza del amor, donde Marco junior hace que se levante su padre, que estaba sentado al lado mío, para sentarse él; qué gracioso intentando «cortejarme», qué nene...

Terminamos a las 21.30 h. Amadea, una señora con una cara de simpática tremenda que comparte habitación con Anna, tenía la terapia/medicación a las 21.00 h y se lo estaba pasando tan bien y riendo tanto que se había olvidado. Así que corremos a las habitaciones como si estuviéramos en un internado y fuéramos las gamberras de turno. Qué risa por los pasillos con la Amadea, sonriente, que corría.

Llego a la habitación y mis compis, esperando que les contara mi «aventura». Graziella, con un poco de recelo, la pobre... Es que está muy sola, pero tampoco me puedo pasar todo el mes solo pegada a ella, yo me reparto con todos.

Hoy es la última noche de olor a pies y chumi del infierno. ¡Mañana trasladan finalmente a Antonella! A Flavia también, así que entrarán dos nuevas... Ya os contaré.

DÍA 7.

EL CORAZÓN *PARTÍO* Y EL ADIÓS A LA PESTE

Me levanto súper de buen humor, ¡el mejor de la semana! Es la última mañana que voy a oler a Antonella recién levantada. Me quedo en la cama hasta las 08.00 h perreando, ¡qué gran día me espera! Hoy estaba de turno mi amiga en el desayuno, le bailo «a la sombra de los pinos» y me da mi *supercolazione.*[6] 😉 Yo, toda saltarina y feliz (no se me notaba nada que me alegraba de poder respirar aire fresco).

09.30 h. Vienen a recoger a Flavia y a Antonella para llevarlas a sus respectivas nuevas plantas.

Mientras estoy en fase de ducha, pelos, cremas…, llegan las dos nuevas, Ruggero (es el apellido, no me acuerdo del nombre), con muchos problemas de salud, cincuenta y dos años, parece limpia y educada. La otra, Chiara, lombarda típica, tipiquísima, de familia adinerada, sesenta y seis años, con la espalda hecha polvo, también muy educada y apariencia limpia.

Después de terminar y ayudar a Graziella en sus quehaceres, la llevo al bar a comprarse la revista, charla un rato con el tipo del «quiosco» y la vuelvo a llevar a la habitación. En el camino me encuentro a Flavia, toda deprimida, y se me pone a

6 Superdesayuno.

llorar, ¡madre mía! ¡Esta también! Me voy a montar un consultorio «Diana de noche», pero aquí ni hablar de empanadillas.

Resulta que, como ya os había dicho, la planta donde está es asquerosa (donde tendría que estar yo), huele mal, es oscura, vieja, pequeña y abarrotada de pacientes. Me dice que ni ha deshecho la maleta, que está planteándose abandonar. Y yo: ¡noooooooooooooo!, así que le doy una supercharla de las mías de moral a tope (que voy a tener que patentar) y decide quedarse.

Salgo al patio a pillar cobertura, a lo lejos en los banquitos, veo a mi amiga Anna con Rinaldo, cuando termino voy hacia ellos y me siento a tomar el sol y charlar un rato. A la hora nos levantamos antes de quemarnos (porque me he traído de todo menos aftersún) y nos ponemos a pasear cual hámsteres en círculo alrededor de la clínica. Alguien se acerca y me toca la cintura por detrás (ya estaba yo con el codo preparado, krav-maga *ON*), era Marco junior. Qué tierno, y me viene con la canción del taxi que le dije ayer para que la bailemos, jajaja. Es tan bonito ser adolescente y tener tanta ilusión...

¡Hora de comer! Escapamos a las habitaciones y me acompaña hasta el ascensor, qué gracioso, y me dice: «Luego baja que te tengo que invitar a una infusión». Y yo: «Sííííííí, sí, bajamos todos, no te preocupes» (para que no pensara que era una cita ni nada por el estilo porque me lo veo de venir).

14.00 h. Esta vez voy yo a recoger a Anna y Amadea (la sonriente), hoy somos las primeras en llegar al bar, nos sentamos en una mesa que rápidamente se llena ¡y terminamos siendo dieciséis! ¡Menuda «banda del patio» que estamos haciendo Anna y yo! Somos un *team* fantástico.

Entre risas, se nos hace la hora de la cena, qué mal hoy, una mísera sopa con 40 g de arroz y un tomate en rodajas con una *mozzarella light*; pero, bueno, menos da una piedra.

A las 19.00 h, igual que ayer, todos en el bar hasta el cierre y luego terraza del amor hasta las 21.30 h (hoy a las 21.00 h, Amadea se ha ido a por su medicación).

Mientras estábamos en el bar, ha salido la conversación de cómo nos gustan o dejan de gustar los hombres/mujeres. Y en esto que llega Marco junior, que de nuevo hace que el padre se levante para sentarse a mi lado, y me dice: «Y a ti ¿cómo te gustan los hombres?». Y yo: «Pues como mi novio», jajaja (su cara, un poema, qué pobre), y me dice: «¿Pero cómo?» (intentando agarrarse a algo de esperanza). Mira, si hubierais visto su cara de miserias (ni Rodolfo en plan pedigüeño), me dice: «¡Ah!», acompañado de un bufido. Le he roto el corazoncito a un adolescente. Llamadme cruel, pero tenía que parar la cosa antes de que se flipara demasiado, que aquí todo se magnifica y este se estaba montando ya la historia de su vida.

Finiquitado el tema terraza vuelvo a la habitación. Todo en orden, están en pijama y a nadie le huele nada, por el momento, ya veremos los próximos días…

Y hasta aquí llegó mi cuaderno de bitácora, que lo poco gusta y lo mucho cansa. Ahora en serio, ya me trasladaron a la planta donde pasé las tres semanas siguientes: ahí fue cuando realmente empezó mi *Duro de pelar, duro de pelar* (Rebeca, siempre estarás en mi corazón).

A partir de ese día comenzaron las sesiones de fisioterapia, reuniones de gordos anónimos, horas de ejercicio en el gimnasio, tratamiento psicológico, las *masterclass* con la nutricionista...

Con una agenda tan apretada no me quedaba ni tiempo ni ganas de seguir con los e-mails. Pero, tranquilidad, no te voy a dejar sin saber lo que pasó.

Spoiler alert! Entré como Dianina XL y salí como Dianina XL. Una de las primeras cosas en las que hicieron hincapié es en que no estaba allí para perder 20 kilos del tirón en un mes, sino que tenía que reeducar mis hábitos alimenticios para que pudiera tomar las decisiones correctas en el futuro, y solo de esta manera llegaría la efectiva pérdida de peso con su correspondiente mantenimiento. Milagros, a Lourdes.

Como no me quiero poner dramática y no soy quién para dar consejos de nutrición, ya que cada uno es un mundo, lo único que te puedo decir es que cualquiera que se encuentre en una situación de la que no pueda salir solo (sea lo que sea), lo mejor que se puede hacer es pedir ayuda a los profesionales.

En mi caso fue la mejor opción en ese momento, aprendí muchísimo y me llevé muchas herramientas que sigo usando hoy en día.

7

DIARIO DE UNA NO DELGADA

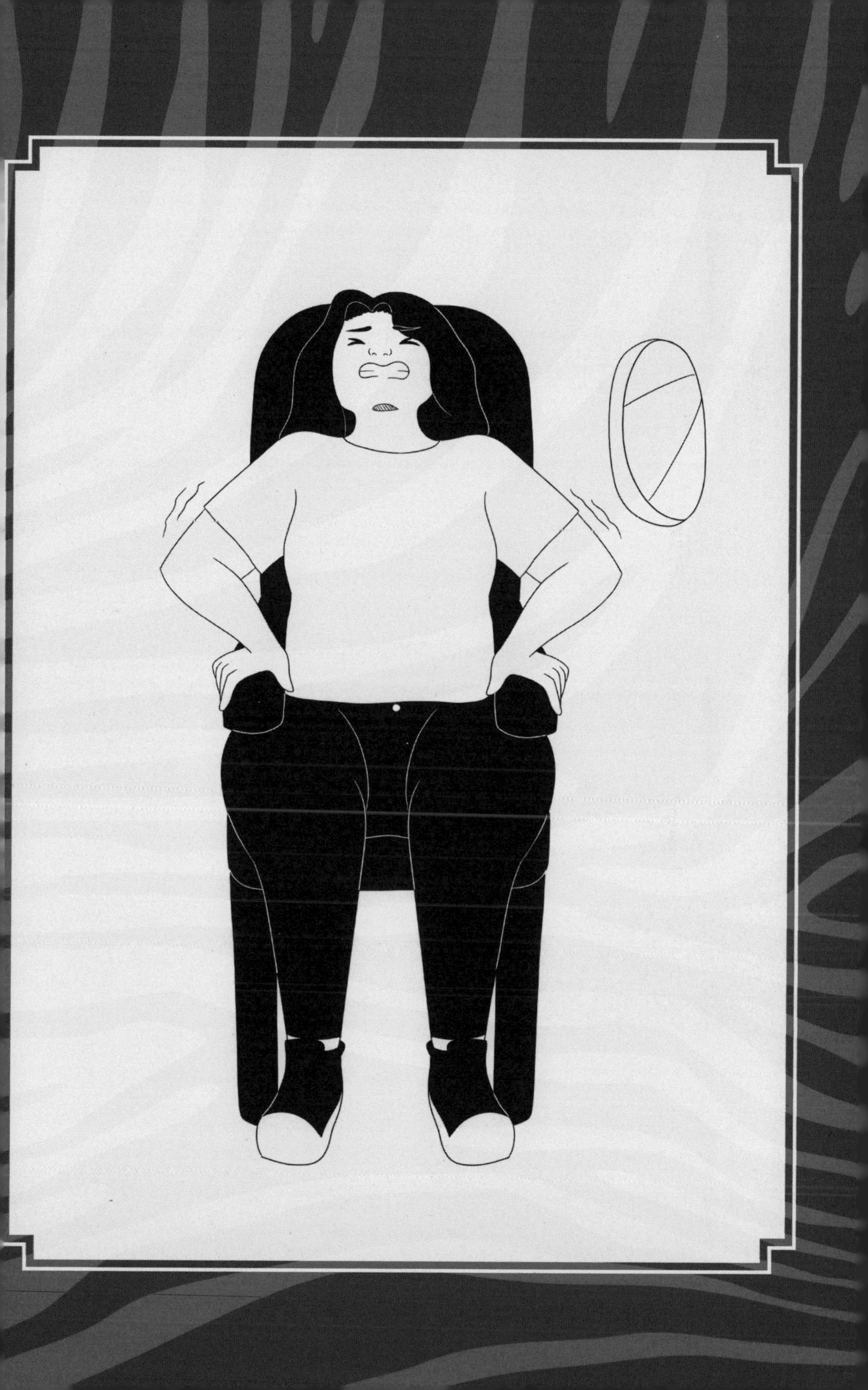

7

¿SABÍAS QUE EL HUMOR ES EL MEJOR ANTÍDOTO PARA LA VERGÜENZA?

Durante nuestra existencia vivimos muchas situaciones de «tierra trágame y escúpeme en otro planeta, o si puede ser en Bali mejor, gracias». Porque la vergüenza que sentimos nos supera.

Pero ¿qué es la vergüenza? Aquí me pongo las gafas de *lisensiada* y acudo a la máxima autoridad lingüística:

Según la RAE (Real Academia Española), es una turbación del ánimo ocasionada por alguna falta cometida, o por alguna acción deshonrosa y humillante.

Así que si nos ceñimos a esto, no creo que los inconvenientes que haya vivido por estar gorda y el gran tamaño de mi *booty* sean motivos para sufrir esta turbación del ánimo.

Y que yo sepa, por el momento, no está contemplado como delito en el código penal reventar las costuras de un pantalón, quedarte encajada en una silla, o que no te cierre un cinturón y mucho menos una deshonra por la que merezca ser desheredada.

Si aun así no te convence del todo y sigues pensando que te morirías de vergüenza, lo mejor que puedes hacer es echarle humor al asunto, pocas cosas son tan sanas y gratuitas como el reírse de uno mismo y hacer que los demás pasen un buen rato, eso va genial para el karma, así que te voy a contar una serie de catastróficas desdichas gordiles, simplemente para que te partas la caja.

Érase una mujer a un asiento pegada

Desde hace diez años vivo fuera de España, y como siento muy a menudo la llamada de la sangre de mi *terreta* valenciana, cojo una media de entre veinte y treinta vuelos al año.

Pensarás que nado en la abundancia para poder permitirme tanto viajecito, pero por desgracia, no soy la baronesa Thyssen, soy una común mortal que siempre está a la caza de las ofertazas de Ryanair, y casi siempre consigo gangas desde 14 € por trayecto, pero, claro, por ese precio, das las gracias por que el avión lleve combustible y que el personal te dé los buenos días, no puedes esperar un viaje vip, y al parecer para la compañía, que el culo me quepa en el asiento es un lujo.

El hecho de que sus butacas estén hechas para personas por debajo de la talla 42 me ha regalado momentazos como estos:

Hasta la fecha siempre había volado en esta compañía con amigos o familiares, por lo que íbamos sentados juntos, y los problemas de espacio quedaban solventados entre nosotros, pero ¿qué pasó la primera vez que tuve que viajar sola?

Drama.

Tras recorrer el estrecho pasillo del avión pegando culazos a los ya acomodados, consigo llegar a mi asiento, fila de tres, y el mío es el de en medio, vaya tela, esto me pasa por ahorrarme 5 pavos y no pagar la elección del asiento. Ya veo la cara de terror de los que iban a ser mis compañeros de viaje, sabía perfectamente lo que pasaba por sus mentes, «nos ha jodido el viaje la gorda», «qué mala suerte, siempre me toca una gorda al lado», así que con mi mejor sonrisa pedí paso para sentarme y allí que me encajé, después de diez minutos de lucha con los reposabrazos que se levantaban constantemente porque mis muslos estaban debajo, parece que mis compañeros entendieron que era inútil seguir empujando con el brazo hacia abajo, ya que el problema no era el mecanismo, era yo. ¡Por favor! Un poco de colaboración ciudadana con estos temas, que la primera apurada es la gorda, que sabe que lo está, no hace falta intentar cavar un agujero en sus muslos para que apoyes el brazo en un ángulo perfecto de 90°; a 80° se está igual de cómodo. Vaya a ser que se gangrenara.

Vamos a despegar, y llega el momento cinturón de seguridad. Descarto la opción de pedir a la azafata el alargador, porque tendría que llamar con el timbre, la gente se giraría y todos verían que no llevo un bebé y lo quiero porque no me cierra el tamaño estándar. Aunque podría haber fingido que estaba embarazada de trillizos, siempre se me escapan las mejores.

Así que después de un forcejeo con mis propios michelines conseguí abrocharlo y sonreí victoriosa ante la mirada atónita de mis compañeros, que habían presenciado la gran batalla. Diana 1 - Asiento diminuto del mal 0, ¡chúpate esa!

Fue un vuelo que no duró ni dos horas, en las que, por supuesto, las personas que estaban sentadas a mi lado no dijeron ni pío y mantuvieron sus caras de indignación por la mala suerte que habían tenido de estar a mi lado. *Sorry not sorry.*

¿Y crees que en algún momento bajé la mirada o me puse colorada? No. ¿Que estaba incómoda? Sí, mucho, pero vergüenza ninguna, solo pensaba: verás las risas que se van a pegar mis amigos en cuanto llegue y se lo cuente.

Pero esto no es nada comparado con lo que me sucedió después.

Para el viaje de vuelta, decidí tirar la casa por la ventana e invertir no 5, si no ¡10 €! en la elección del asiento y me cogí uno en primera fila, así tenía espacio para estirar las piernas, y esta vez no en medio de la fila de tres, sino en el asiento que daba al pasillo, de esta manera podría desplazar mis posaderas hacia el pasillo y evitar las luchas con los reposabrazos. Diana 2 - Asiento diminuto del mal 0.

Pero fue mucho peor el remedio que la enfermedad.

Allí que voy toda contenta, sintiéndome toda una diva a mi sitio en primera fila, coloco mi equipaje de mano y me dispongo a sentarme. Me pongo de espaldas y me dejo caer en la butaca para disfrutar del confort que me esperaba y me doy cuenta de que no hago fondo, *fuck!*, de que mi culo está levitando y no toca el asiento. Pero ¿qué estaba sucediendo? ¿Acaso era yo *Yisus Craist* sobre las aguas en versión *low cost*? No, esto no era ninguna experiencia religiosa, me había quedado encajada en los reposabrazos.

Lo primero que pienso es, madre mía, Diana, te has pasado tanto con las tapas en dos días que ni cabes. Bueno, no pasa nada, los reposabrazos se levantan, voy a hacerlo y una vez sentada ya los bajo. ¡Que te lo has creído tú!

En la primera fila los reposabrazos son placas metálicas ¡inamovibles!, sin espacios que separan un asiento del otro. Eso me pasa por lista, ni pagando me sale bien.

¿Y ahora qué hago? El avión va lleno y están esperando a que me siente.

Me armé de fuerza, mucha, me tiré como cuando caes desplomada en el sofá tras un día muyyyyy laaaargo y empujé hacia abajo con la ayuda de mis brazos (cual Hulk) hasta que toqué fondo con el culo. ¡Euphooooooooria, nanananananana-na-na-na, no sé qué no sé cuántos, *you and I, up-up-up-up-up-up-up-up-uuuuuup*!

Las caderas se me quedaron a la altura del ombligo, y este de corbata, pero había que mantener la dignidad a toda costa, vaya a ser que alguien se hubiera dado cuenta del forcejeo.

Pero lo mejor vino después, tras las dos horas de viaje, cuando aterrizamos y fui a levantarme ¡Sorpresa!, no podía, me había quedado encasquetada.

Primero mantuve la calma y me quedé sentada fingiendo que miraba el móvil para hacer tiempo mientras iban bajando del avión los demás pasajeros. La reina del disimulo, de aquí a espía de la CIA.

Pero en realidad solo podía ver la imagen de los bomberos intentando sacarme de allí, que por mucho que una fantasee por ser rescatada por un bombero, así como que no. Aunque yo consiguiera arrancar el asiento ya me veía haciendo el paseíllo cual Letizia saludando con el asiento adherido a mi culo, seguro que no iba a pasar desapercibida.

Mientras bajaban las últimas personas, apreté mi cucu y empecé con mucho disimulo a empujarme hacia arriba, me movía de derecha a izquierda cual sardinilla, pero no había manera.

Y entonces me vino una iluminación como a Newton con su manzana.

Si mis brazos no podían luchar contra la fuerza de la gravedad y no podía levantar el culo, lo que tenía que hacer era usar la gravedad a mi favor y seguir empujando hacia abajo mientras aprovechaba la fricción de mis pantalones para hacer un movimiento pélvico sensual hacia delante y conseguir escurrirme de manera horizontal hacia el suelo.

O lo que es lo mismo, escurrirme hasta caerme de rodillas y hacer como que buscaba algo por el suelo.

Y ¡funcionó! Conseguí desencajarme, me levanté del suelo, cogí mi maleta y me bajé del avión toda compuesta como si nada hubiera sucedido.

Nota mental: Diana, deja de hacerte la guay y nunca más vuelvas a comprarte un asiento en primera fila.

Adolescente y delincuente

Mi primera y última experiencia «delinquiendo» se vio eclipsada por ser la primera vez en la que el tamaño de mi culamen me hizo pasar un mal trago.

Tenía catorce años, y una tarde que salí con dos amigas del colegio se nos ocurrió la genialísima idea de colarnos en el metro.

Para nosotras, era toda una aventura e íbamos a ser supermalotas haciendo algo así. Ya apuntaba maneras de macarra ilustrada como te he comentado al principio del libro.

Al bajar las escaleras de la parada y acceder a la entrada donde están las barreras de acceso a las vías vemos que en las cabinas donde suele estar el personal del metro controlando el acceso no hay nadie, y pensamos: ¡Esto es el destino!, nos va a salir la jugada perfecta.

En esta estación para poder pasar a la zona de las vías y coger el metro tenías que pasar tu billete por una maquinita para que se abrieran como unas puertas de plástico duro, que una vez que ya habías pasado se cerraban de nuevo. No eran los típicos molinetes de hoy en día.

Pero estas puertas no se quedaban cerradas del todo, entre ellas quedaba un espacio como de un palmo. Así que lo vimos claro, pasaríamos por ese espacio sin pagar y nos consagraríamos como las malotas máximas que se colaron en el metro.

Primero pasa una de mis amigas que llevaría una talla 32, y después la otra con una 34, a la que ya le costó un poco más.

Y entonces llega mi turno, por aquel entonces yo llevaría una 40, no tenía nada de barriga pero era todo culazo.

Consigo pasar los brazos y parte del abdomen y me quedo encajada a mitad, como esos gatos gorditos que se quedan atrapados en las minipuertas gateras.

Mis amigas se dan cuenta y empiezan a agobiarse, ¡ellas! La que estaba atorada era yo. Y empiezan a decirme:

—¡Venga, Diana! ¡Que nos van a pillar! ¡Pasa!

Y les contesto:

—Pero ¿no veis que el culo no entra? ¡Me he quedado atascada!

Al parecer, no se habían percatado, y entonces vinieron a rescatarme.

Empezaron a tirar de mí como si fuera un muñeco elástico de goma y de repente sentí un ¡clac! ¿Lo habíamos conseguido? ¡No!, peor, me había pasado una nalga y se me había quedado la puerta en toda mi raja. Ahora estaba siendo acosada sexualmente por la puerta del acceso al metro.

Pero no desistimos, y siguieron estirando hasta que conseguí atravesar con todo mi cuerpo aquel diminuto espacio. Por fin, gloriosas y exhaustas, nos sentamos a esperar a que viniera el metro.

A los dos minutos vemos aparecer a dos hombres vestidos con el uniforme del personal del metro. Pero como no tenían pinta de ser los revisores, ni nos inmutamos.

Y cuando empiezan a acercarse hacia nosotras nos entran los siete males, y uno de ellos nos dice:

—Los billetes, por favor. (¡Si es que para qué me meto!).

Y nosotras empezamos a fingir que los buscamos en los bolsos y coge el buen señor y nos dice:

—Pero ¿qué hacéis? Si os hemos visto por las cámaras cómo os habéis colado. Estábamos en la sala de seguridad partiéndonos de ver la que habéis liado para entrar. ¡Venga! Sacad los DNI que os vamos a poner la multa.

En ese momento tenía una mezcla entre vergüenza (aquí sí, a esta edad todo me daba vergüenza) y miedo por si llamaban a mis padres y se enteraban de lo que había hecho. Que al principio en nuestras mentes era todo muy divertido, pero como no éramos unas *real* chungas, se nos caían los palos del sombrajo si nos pillaban nuestros padres.

Y cuando creía que no podía pasarlo peor, uno de ellos me mira mientras busco mi documentación en el bolso y me dice mientras me señala:

—¡Tú! Venga, ¡la primera! Que eres a la que más le ha costado pasar.

(Inserte carcajada maléfica con eco).

En ese momento ya sí que no sabía dónde meterme, él se lo estaba tomando a cachondeo y se habían echado unas buenas risas, pero para mí esto suponía, aparte de una humillación, el terror a que mi vida social se terminara si se enteraban mis padres. Ellos sabían que si me castigaban sin ver la televisión o sin dinero me daba igual, pero si me tocaban el poder salir a callejear me mataban en vida. ¡Qué mal lo pasé!

Finalmente, no los llamaron, pagamos la multa y ahí quedó nuestro «secreto». ¡Hola, papá, hola, mamá, que estáis leyendo este libro!, ya no me podéis castigar sin salir en fallas, pero os aseguro que aprendí solita esta lección.

Como podrás suponer, nunca más volví a colarme en el metro ni en ningún lado y os desaconsejo totalmente que ni siquiera lo intentéis. Más vale billete pagado en mano que culo atascado.

Ella, malabarista

¿Nunca te ha pasado que en el momento más inoportuno te viene un apretón de esos de que o vas al baño *rait nau* o te vas de bareta?

Pues digamos que me ha pasado en reiteradas ocasiones, y siempre fuera de casa, así que me he convertido en una experta malabarista de los baños públicos. Ya te dije que valía para el Circo del Sol, soy una mujer de muchos talentos.

Pero esto te puede pasar teniendo sobrepeso o no, aquí la cuestión es que si hubiera pesado 50 kilos el final habría sido feliz.

El fatídico día en el que esto sucedió tenía que ir al centro de Milán para hacer una entrevista de trabajo, así que me vestí con la máxima elegancia para impresionar al entrevistador: un traje de chaqueta divino, unos taconazos, un moño de señora de bien y unos buenos pendientes de perla.

Llevaba en una mano mi bolso y en la otra una carpeta con mi currículum, cartas de recomendación, titulaciones... Aunque luego nunca me pidan nada, yo por si acaso llevo siempre el completo.

Y todos sabemos que algo imprescindible para causar una buena primera impresión es ser puntual, así que esa mañana no tuve mi momento All-Bran antes de salir de casa y me fui para allá sin pensarlo. ¡Error!

Cuando llego al centro de la ciudad me doy cuenta de que aún quedaba media hora para la entrevista, así que me di una vuelta mirando los escaparates de la zona para hacer tiempo.

Y de repente y sin previo aviso me empiezan a venir unos retortijones del infierno que iban *in crescendo*. Entro en *panic mode* porque si me viene uno y hay una distancia larga en el tiempo hasta el siguiente retortijón quiere decir que puedo aguantar y controlar la situación, lo tengo supercomprobado, es como los partos, pero entre contracción y contracción no pasaba ni un minuto y eso solo significaba una cosa: o me metía en el primer baño que encontrara o me lo hacía encima.

Así que entré en un bar *random* y mientras corría hacia la barra le digo a la camarera:

—Un café solo, ¿dónde está el baño?

Me indica que al fondo a la derecha (qué sorpresa) y me dirijo a él rauda y veloz.

Abro la puerta y con el primer problema que me encuentro es que no tenía donde apoyar el bolso y la carpeta, así que hago una torre encima de la papelera para que no tocaran el sucio suelo.

Voy a la taza del váter y ¡no hay! En su lugar hay como una especie de letrina, en Italia la llaman turca, y por desgracia son muy comunes en los baños públicos. Es como un plato de ducha con un agujero en el centro, y créeme cuando te digo que me ha costado años desarrollar la técnica para poder utilizarlo, ya que al principio lo que hacía era ponerme en pelota picada si no quería pringarme enterita.

Me bajo los pantalones y las bragas, posiciono un pie a cada lado del agujero y me pongo en cuclillas, haciendo una sentadilla eterna. Cuando vas a miccionar todo correcto, pero cuando son aguas mayores y tienes que mantener esa postura por mucho tiempo y hace meses que no vas al *gym*, se vuelve toda una hazaña.

Allí que me ves aguantando el tirón para que ninguna parte de mi piel tocara el suelo o la letrina, llena de restos de los usuarios anteriores. Lo siento por la imagen mental, pero es totalmente necesaria para la correcta comprensión de este episodio. ¡Mentira! Es que me gusta...

Pero eso fue como un parto, literal, y empezaron a flaquearme las fuerzas en las piernas, empiezo a mirar a mi alrededor buscando un punto de apoyo que no estuviera lleno de pis y veo la salvación, un minilavabo que hacía esquina en frente de mí.

Me estiro hacia delante, me agarro cual aguilucho con las manos al borde y me doy impulso hacia atrás para seguir en la posición correcta en línea con el agujero del suelo.

Conforme termino de colocarme, se desengancha el lavabo de la pared y me quedo con él en la mano, me levanté corriendo antes de que se arrancara de la tubería que unía la parte baja a la pared, era lo que faltaba, montar allí un Aquapark.

Vi dos alcayatas y apoyé con mucho cuidado allí el lavabo, rezando para que aguantaran por lo menos hasta que me fuera del bar.

Terminé mis asuntos, cogí mi bolso y mi carpeta y salí muy digna a tomarme mi café, que ya estaba helado, pero daba igual. Pagué y me fui por patas a la entrevista.

El karma fue instantáneo y me castigó por cargarme el lavabo, no me dieron el puesto de trabajo.

La costurera de la estación de autobuses

Cuando tenía veinte años vivía en Alicante, y uno de los trabajos que tuve fue como recepcionista en unas oficinas en el centro de la ciudad.

Pero aparte de ser la recepcionista también era la chica de los recados, así que una mañana que tenía que salir para llevar unos papeles a Hacienda sucedió algo que puso a prueba mis capacidades de *problem solving* a tope.

Yo llevaba una camisa básica, un pantalón de vestir ajustado y unos tacones. Tenía que parecer una señora de Marbella y no una valenciana máxima recién salida de la adolescencia. Mientras iba toda contenta a las diez de la mañana caminando por el centro de la ciudad cual velociraptor, sorteando los adoquines del suelo empedrado con mis taconazos, al llegar a la puerta de Hacienda me resbalo, me abro de piernas y me marco un *spagat* que ni Eva Nasarre en sus mejores momentos y oigo un ¡crac!

Se me había abierto toda la costura del pantalón, desde la cremallera delantera, pasando por mi culo, ya al viento, hasta el final de la cintura.

Recojo mi bolso y los papeles que habían salido volando, y la dignidad que siempre perdía en estas situaciones. Me levanto y pienso: «¿Y ahora qué hago?».

¡Es que no llevaba ni bragas! Iba con un tanga de tira fina que ni se veía, estaba haciendo un calvo de manual a todos los viandantes.

Así no podía entrar a Hacienda, ni tampoco volver a la oficina. Mi casa estaba a casi una hora de autobús.

Así que me fui caminando, con un dolor en las ingles que ni te lo digo, en búsqueda de una tienda de «todo a 100» para comprarme un minikit de costura.

Allí que entro, y la dependienta se me queda mirando ojiplática el culo desnudo, y yo le doy los buenos días como si conmigo no fuera la cosa y le pregunto por los kits de costura.

Me indica dónde están muy amablemente, y salgo triunfante con él.

Y aquí viene lo chungo, ¿dónde me pongo a coserme el pantalón? Claro, tenía que quitármelo, coserlo y volvérmelo a poner. En cualquier caso, coser son palabras mayores, iba a hilvanarlo como pudiera para salir del paso.

¡Iluminación! Un baño público.

Por aquel entonces la estación de autobuses estaba por la zona, así que fui derechita para allá.

Todos sabemos que en las estaciones de autobuses, vayas a la hora que vayas, hay una cantidad de personajes importante, nunca he sabido darle explicación a este fenómeno, es como si fuera el centro de reunión de la *crème de la crème* de cada ciudad.

Evidentemente, cuando entré, les faltó el tiempo al Chuli y al Johny de la situación para silbarme y decirme de todo en mi trayecto hasta el baño.

¡Ay, los baños de la estación de autobuses! Ni uno solo estaba medio limpio, había un hedor a muerte que por un momento me hizo plantearme que quizás no era tan mala opción seguir mi día sin pantalones. *Free booty!*

Al final me decido y me encierro en el menos sucio. Limpio la taza como puedo, me quito el pantalón y me siento cruzando los dedos para no pillar nada, que era lo que me faltaba.

Saco mi superkit de costurera profesional por el que había pagado 2 € y, claro, por ese precio ¿qué esperaba?

Las minitijeras no cortaban el hilo, así que tiré de colmillo, pero al no ser un corte limpio, me las vi y me las deseé para enhebrar la aguja.

Y, por si fuera poco, era junio, así que toda esta situación estaba acompañada de un rico calor húmedo que me estaba haciendo sudar como un cochinillo.

Por fin consigo hacer el apaño, me pongo el pantalón y tan ricamente.

Me fui a hacer mis recados, volví a la oficina y aquí nadie sabe nada. Bueno, si alguno de mis excompañeros de aquel trabajo termina leyendo esto, pues ahora ya saben por qué tardé tanto en volver ese día.

Estas son solo unas pocas anécdotas que te puedo contar, se me han ocurrido muchísimas más, pero eso da para otro libro. A ver si los señores de Planeta pillan la «indirecta» y saco Viviendo la vida on fire 2.0.

Con este capítulo lo que quiero transmitirte es que el humor y el reírse de uno mismo es la mejor arma que puedes utilizar para defenderte de situaciones o comentarios que te hacen daño.

De nada sirve enfadarse o avergonzarse, eso solo trae más de lo mismo. Soy consciente de que es muy complicado, pero esto es como todo, práctica; la primera vez que lo haces y ves que no solo no pasa nada, sino que, además, te has partido de la risa, se convierte en una adicción. Fíate, te doy mi palabra de gorda.

THE FINAL

Después de este último capítulo cargadito de cachondeo, me vas a permitir que termine este libro abriéndome en canal, dejando que los sentimientos fluyan directos desde mi *corasonsito* hasta estas páginas.

A pesar de que me considero una mujer con mucha suerte, te habrás fijado en que estar gorda no es fácil y que hay todo un mundo detrás de esto, has visto solo la punta del iceberg.

La sociedad sigue estigmatizando a las personas gordas como vagas, dejadas, sin fuerza de voluntad... «Con lo fácil que es cuidarse, ¿no?» Ya ves que entre bambalinas hay un sinfín de razones por las que se llega a este punto: trastornos alimenticios, carencias afectivas, traumas psicológicos, etc., por no hablar de enfermedades varias que afectan directamente a tu aspecto.

¿A que a nadie se le pasa por la cabeza decirle a una persona que ha perdido una mano por X enfermedad «¡qué asco!, hazte un trasplante»? Eso sería muy cruel, tendrías que tener el corazón muy negro para decir algo así.

Pero son cientos de miles de personas las que a diario dicen cosas como «¡Deja de comer, gorda!», «¡Te hace falta un buen bocadillo, flacucha!», «¡Menuda napia que tienes, pareces un loro!», «¡Eres una tabla, opérate las tetas!», «¡Menudo culo carpeta, haz sentadillas, vaga!», «¡Depílate, eres un monito!», «¡Fea, ponte una bolsa en la cabeza!», «¡Enana, ponte unos tacones!»..., y así podría seguir hasta el infinito.

Y ahora yo te pregunto: ¿esas personas están en tus zapatos?, ¿van a vivir la vida por ti?, ¿a que no? Y entonces, ¿por qué les damos el poder de que nuestra autoestima y nuestra felicidad dependa de ellas? No son más que palabras vomitadas por alguien que no eres tú. Y, seguramente, infundadas por sus propias inseguridades; que al igual que tú y que yo las tienen por los cánones de belleza que nos llevan vendiendo desde hace años.

¿Sabes una cosa? Está en nuestra mano cambiarlo.

Empezando por dejar de juzgarnos tan duramente a nosotros mismos, no tienes que seguir ningún estereotipo. Eres un ser único y maravilloso tal cual eres.

Pero, espera, que ya veo venir la típica frase de «el *bodypositive* es una excusa de las gordas para seguir siéndolo y no hacer nada por su salud».

De repente, todo el mundo es *lisensiado* en medicina por la Universidad de Wisconsin y se preocupan por tu salud, es por tu bien. ¡Vaya! Pero nunca me han dicho que deje de fumar. ¿No es un poco incoherente?

Para mí el *bodypositive* no tiene nada que ver con la salud, son conceptos que van por separado. Me explico: para empezar, el *bodypositive* es un movimiento que promueve la diversidad de todo tipo de cuerpos, es decir, que si tienes un físico delgado, gordo, bajo, alto, el cuerpo con estrías, cicatrices, celulitis..., es un cuerpo totalmente válido y digno de tener una autoestima de 10.

Que alguna de estas condiciones sea una consecuencia de un problema de salud es otro tema, ¿acaso no vas a cuidar de tu salud por quererte a ti mismo? ¿Crees que si en vez de vivir la vida *on fire* me hubiera quedado en casa encerrada pegándome atracones, odiándome a mí misma, martirizándome por estar gorda, hubiera solucionado algo? ¿Crees que así hubiera cuidado mi salud? Más bien, todo lo contrario, cuantos más complejos he tenido, menos me he cuidado. Y, ahora, en uno de mis mejores momentos, cuando estoy perdiendo todos los complejos, es cuando mi mente tiene tiempo y fuerza de preocuparse por la salud.

Te invito, mejor dicho, te pido por favor que si ahora mismo tus complejos no te dejan hacer todo lo que te gustaría, que recapacites y que te des cuenta de que solo vamos a vivir una vez. No podemos volver atrás en el tiempo para recuperar los momentos perdidos, ni para pedir ayuda. Esto tenemos que hacerlo ¡ahora! Parece una obviedad, pero se nos olvida porque estamos muy ocupados odiándonos cuando nos miramos en el espejo.

Date cuenta de que tu valor como persona, tu calidad humana, no se mide con los números de una báscula, ni de una talla de pantalón, ni de una cinta métrica. **ERES MUCHO MÁS QUE ESO.** Se hace a través de tus actos y sentimientos. Si quieres juzgarte, hazlo por lo que tienes dentro y no por lo que ves fuera.

¿Me prometes que por lo menos lo vas a intentar? Con eso me conformo, porque estoy convencida de que te va a gustar tanto lo que veas en ti que nunca más vas a permitir que nada ni nadie decida quién eres.

EPÍLOGO

Hace una semana recibí una llamada de mi hermana diciéndome que quería que escribiese el epílogo de su libro. Yo estaba como Lina Morgan, agradecida y emocionada, como puedes imaginar. Una vez pasada la euforia y volviendo a la realidad me dijo que primero tenía que leerme el libro y después darle al teclado. En ese momento, retrocedí a mis quince años: ¿Diana me pide que lea un libro y escriba algo? Creo que esto ya lo he vivido antes...

Una vez que me encontraba en el mismo punto en el que estás tú ahora mismo cogí el teléfono y la llamé. Durante más de una hora de charla entre hermanas, viajamos a nuestro pasado, recordamos anécdotas, y le expresé mi sorpresa ante la opinión que tiene en estos momentos la Diana de treinta años sobre ella misma en algunos momentos de su vida. Y más concretamente cuando, según ella, era una niña déspota. ¡Vaya!, resulta que mi hermana era una pequeña dictadora y yo me entero a estas alturas de la película. Yo llegué a este mundo cinco años antes que ella, así que, como la conozco desde su primer llanto, te puedo decir que siempre ha sido una niña extrovertida, creativa, muy terremoto y culo inquieto, algo que a veces me desesperaba y terminaba con un: «¡Mamáááää, Diana no me deja estudiar!». (Tono de voz de niña repelente).

Y, además, mucho más madura en algunos aspectos para la edad que tenía. Ella se sentía diferente, de hecho, lo era, aún recuerdo como si fuera ayer el día que trajo a casa un póster gigante, que no sé de dónde había sacado, con los derechos de los animales y lo colocó en la puerta del armario. Primero le preguntó a mi madre si podía ponerlo, pero eso era una simple formalidad, ya sabíamos que lo iba a poner, aunque mi madre no fuese muy fan de que pudiésemos estropear el mobiliario. Y te digo que después de todos estos años, los pósteres de Enrique Iglesias y los Backstreet Boys han desaparecido, pero este continúa en el mismo sitio.

Ella siempre ha sentido la necesidad de proteger a los animales y a aquellos compañeros que ella pensaba que podían sentirse más indefensos. ¿Por qué? Porque siempre ha tenido buen corazón. Así que mientras conversábamos sobre el libro le dije: «Tú nunca te habrías convertido en el tipo de persona de la que huías, porque tu esencia no es esa».

Respecto a su físico y su autoestima, te voy a contar cuál fue el punto de inflexión de pasar a ser una niña sin complejos a empezar a sentirse diferente y a tener el estigma de la gorda de la clase. Seguramente ella no lo recuerda, era muy pequeña, tenía tres años y había empezado la escuela. Era la misma a la que iba yo, y nos encontrábamos en el patio durante el recreo del comedor. Un día, vino corriendo y llorando hacia mí porque un niño de clase le había llamado «gorda». A pesar de que le dijésemos que ella era grande y que estaba bien, el mal ya estaba hecho. El resto de la historia ya la conoces.

¡Huy! Creo que esto se está volviendo demasiado intenso. Así que pasemos a otros temas más divertidos. Siempre hemos estado muy unidas, le gustaba mucho salir conmigo cuando iba con mis amigos. Yo le dejaba siempre que me prometiese que se iba a portar bien porque, si no, sabía que la próxima vez se quedaría en casa viendo *La aldea del ARCE*. Cuando pasaron los años y se convirtió en una *fashion* adolescente de los noventa, con aros del tamaño de *hula hoops*, y yo salía por la noche, sucedía exactamente lo mismo, le hacía prometer que se iba a portar bien y que la falda no fuese muy corta. Ya que a las minifaldas del *Breska* de aquella época les faltaba un palmo de tela y luego íbamos estirando de ella mis amigos y yo cada dos por tres. Dejando a un lado nuestras diferencias respecto a la moda, yo la veía monísima, pero ella siempre estaba muy obsesionada con la barriga, en casa me lo decía, aunque luego de puertas para fuera no lo pareciese.

Una vez pasada la adolescencia, sustituyó las minifaldas por camisas y americanas de alguna talla más grande. Había cambiado su físico y estilo, pero el cambio más importante se produjo en su autoestima. Seguramente, estarás pensando que ahora aceptaba su cuerpo y le importaba bastante poco lo que opinasen los demás, y así era. Aun así, lo que más me sorprendió a mí fue el aumento de su autoestima desde el punto de vista de creer en sus capacidades profesionales y laborales. Tomó las riendas de su vida, se planteaba objetivos que iba cumpliendo y eso le hacía sentirse orgullosa de sí misma y de quien era. Pero todo esto no se quedó ahí, sino que la generosidad que siempre había tenido la llevaba a creer en las capacidades de los demás, a apoyar y ayudar a cumplir sus objetivos e incluso hacerles sentir bien con su aspecto. Muchas veces se convertía en *personal shopper*, peluquera y maquilladora (aunque sea difícil de creer para aquellas que la seguís en el canal de YouTube). Yo me encontraba dentro de ese círculo y muchas veces me ha salvado de crisis existenciales y estilísticas. En una de aquellas, yo había ido a la peluquería a cortarme el pelo y salí bastante decepcionada, por no decirte que llegué a casa llorando sin querer volver a salir hasta que me creciese el pelo, ya que parecía Tina Turner un domingo de resaca. Entré por la puerta y cuando me vio me dijo: «¡¿Pero qué te han hecho?!». Los momentos siguientes ya te lo puedes imaginar, drama y *mardisiones* a la peluquera. Pero enseguida se puso manos a la obra para solucionar el problema. Con plancha en mano transformó mi *look* en algo más moderno y decente para poder salir a la calle dignamente.

En este momento estarás pensando que está muy bien tener autoestima y quererse a uno mismo, pero ¿nunca le comentaste nada respecto a hacer dieta y bajar de peso? Sí, es mi hermana y me preocupaba su salud. Ella me comentaba que se encontraba bien y que no tenía ningún problema. Y era verdad, su peso nunca le impidió vivir la vida *on fire* como ella dice. También es cierto que su peso fluctuaba, había temporadas que por un trabajo más activo o alguna que otra dieta bajaba de peso, pero como no le suponía un problema no era algo que priorizase en su vida. Hasta que un día después de muchos dolores de espalda y una visita al traumatólogo me llamó muy afectada diciéndome que si no perdía peso y cambiaba de vida tendrían que operarla tarde o temprano. En ese momento, fue consciente de la situación y se concienció del cambio que tenía que dar. Su motivación no era estética, sino por salud y bienestar, así que se lo tomó muy en serio. A pesar de ello una ayuda extra nunca está de más: la clínica donde estuvo un mes reeducándose los hábitos alimentarios. Durante ese tiempo de reclusión y aislamiento, que a mi familia y a mí nos parecía alucinante, estábamos ansiosos por recibir nuestro e-mail diario como si fuese el capítulo de una telenovela para saber qué es lo que estaba sucediendo ahí dentro.

Una vez liberada de su encierro, yo no daba crédito a lo que veía, realmente había funcionado y consiguió bajar el peso necesario que la libraba de pasar por el quirófano, y lo más difícil para ella: mantenerlo. Objetivo cumplido, ¿y cuál fue el siguiente? Liarse la manta a la cabeza y abrir un canal en YouTube para compartir sus experiencias y ayudar a los demás a quererse un poquito más.

Alguna vez le han preguntado qué opinaba su familia de que hubiese decidido abrir un canal de YouTube. A mí cuando me comentó que estaba pensando en hacerlo, lo primero que le pregunté fue: ¿cuál va a ser tu temática?, ¿qué es lo que vas a hacer?, ya que yo veía por esos mundos a mucha gente jugando a videojuegos y probando dulces japoneses. Ella me explicó que quería hacer un canal de *body positive* y compartir sus experiencias de vida en el extranjero. Me pareció bien y le di mi apoyo. Hasta el punto de que no sé cómo le he dejado una habitación de la casa para que pueda grabar sin molestar ni tener problemas con sus vecinos. Te confieso que era antes de saber las que me iba a liar en casa cuando prueba productos con purpurina, que ella es muy fan.

Ahora no solo me parece bien, sino que estoy contenta porque veo que lo que está haciendo le hace muy feliz; por un lado, puede desarrollar su vena farandulera y, por otro, ayudar a los demás, algo que le llena muchísimo, y aunque le quite tiempo de pasar más horas conmigo, como «compartir es vivir», no tengo problema en compartirla con vosotros.

Bárbara de Bernardo

Agradecimientos

A todas mis bellas y bellos, que forman parte de la maravillosa *family* que hemos creado en YouTube.

A mis padres, Marisa y Ángel, por criarme con tanto amor y convertir a esta pequeña «salvaje» en la mujer que es ahora. Por enseñarme que querer es poder.

A mi hermana, Bárbara, por apoyarme en todas mis «locuras», por amarme y valorarme tal cual soy, a pesar de que seamos la noche y el día. Por estar siempre ahí cuando la he necesitado.

A mi cuñado, Víctor, por convertirse en mi hermano, por compartir su creatividad y su talento conmigo, y hacer que recuperara a la Diana que tenía perdida.

A mi novio, alias el Churri, por hacerme ver que el amor de verdad existe, por estar cada día a mi lado y hacerme ser mejor persona. Por ser el primero en creer en mí y recordarme todo lo que valgo. Por ser mucho más que un novio, por ser mi compañero de vida y mi mejor amigo.

A mis amigos Marta, Viçent, Iván y Toni, por haberme demostrado el verdadero significado de la amistad. Por todo su apoyo en cada etapa de mi vida, por vivir juntos las alegrías y las penas como si los kilómetros de distancia que nos separan no existieran. Por hacer que cada vez que vuelvo a Valencia sienta que nunca me he ido.

A Planeta, por darme la oportunidad de hacer uno de los *must* en esta vida, escribir un libro. En especial, a Claudia Bermejo, por creer en mí, por su paciencia y cariño.

A Agelana, una bella que me robó el *corasonsito* en uno de mis *meet & greet* que se ha convertido en la ilustradora de este libro. Gracias por tu arte.

A mi editora, Sara Díaz Mata, por todas esas horas de dedicación para desbloquear mi perversa mente y guiarme en cada paso. Por pegarme su «TOC» con las faltas de ortografía y redescubrirme el correcto uso de la cursiva. Y para mí, lo más importante, por convertirse en una amiga.

ESTEREOTIPOS